定位经典丛书

重新定位

（精装版）

［美］ 杰克·特劳特（Jack Trout）◎著
史蒂夫·里夫金（Steve Rivkin）

顾均辉◎译

REPOSITIONING

MARKETING IN AN ERA OF COMPETITION, CHANGE, AND CRISIS

机械工业出版社
CHINA MACHINE PRESS

Jack Trout, Steve Rivkin.

Repositioning: Marketing in an Era of Competition, Change, and Crisis.

ISBN 978-0-07-163559-2

Copyright ©2010 by Jack Trout.

All Rights reserved. No part of this publication may be reproduced or transmitted in any form or by any means, electronic or mechanical, including without limitation photocopying, recording, taping, or any database, information or retrieval system, without the prior written permission of the publisher.

This authorized Chinese translation edition is published by China Machine Press in arrangement with McGraw-Hill Education (Singapore) Pte. Ltd. This edition is authorized for sale in the Chinese mainland（excluding Hong Kong SAR, Macao SAR and Taiwan）.

Translation Copyright ©2023 by McGraw-Hill Education (Singapore) Pte. Ltd and China Machine Press.

版权所有。未经出版人事先书面许可，对本出版物的任何部分不得以任何方式或途径复制传播，包括但不限于复印、录制、录音，或通过任何数据库、信息或可检索的系统。

此中文简体翻译版本经授权仅限在中国大陆地区（不包括香港、澳门特别行政区和台湾地区）销售。

翻译版权 ©2023 由麦格劳－希尔教育（新加坡）有限公司与机械工业出版社所有。

本书封面贴有 McGraw-Hill Education 公司防伪标签，无标签者不得销售。

北京市版权局著作权合同登记　图字：01-2009-7333 号。

图书在版编目（CIP）数据

重新定位：精装版 /（美）杰克·特劳特（Jack Trout），（美）史蒂夫·里夫金（Steve Rivkin）著；顾均辉译 . —北京：机械工业出版社，2023.8

（定位经典丛书）

书名原文：Repositioning: Marketing in an Era of Competition, Change, and Crisis

ISBN 978-7-111-73224-2

Ⅰ. ①重…　Ⅱ. ①杰…②史…③顾…　Ⅲ. ①企业经营管理　Ⅳ. ① F272.3

中国国家版本馆 CIP 数据核字（2023）第 104669 号

机械工业出版社（北京市百万庄大街 22 号　邮政编码 100037）

策划编辑：刘　静　　　　　责任编辑：刘　静　闫广文
责任校对：张亚楠　卢志坚　　责任印制：单爱军

北京联兴盛业印刷股份有限公司印刷

2023 年 8 月第 1 版第 1 次印刷

147mm × 210mm · 7 印张 · 3 插页 · 113 千字

标准书号：ISBN 978-7-111-73224-2

定价：79.00 元

电话服务　　　　　　　　　网络服务

客服电话：010-88361066　　机　工　官　网：www.cmpbook.com

　　　　　010-88379833　　机　工　官　博：weibo.com/cmp1952

　　　　　010-68326294　　金　书　网：www.golden-book.com

封底无防伪标均为盗版　　机工教育服务网：www.cmpedu.com

序言

　　这本书的确很难写。自 1969 年以来，围绕"定位"我已经写了很多本书和很多篇文章，写了几十年的定位，如何才能写出新意来呢？

　　很难做到。所以，我亲爱的热心读者们，你们也许会发现，本书的一些内容在我的其他 15 本书中已经提及过。但即便如此，烦请大家耐心一点，因为本书中还是有很多新素材，能够更好地反映当今世界经济正在发生的事情。

　　很久之前，我与我的前搭档合著了《定位》。最近，它被誉为有史以来最畅销的 100 本商业图书之一。今天，定位已经成为商业领域的一个重要概念，你稍加留意就会发现，本书中悄然出现了一个与定位孪生的概念，这个概念就是"重新定位"，它已经出现在了市场的聚光灯之下。有三个因素导致了"重新定位"的诞生，它们的英文都以 C 开头：竞争（Competition）、变化（Change）和危机（Crisis）。

有趣的是，在 1980 年的书《定位》中，重新定位只出现在第 8 章中，它是一种给竞争对手贴上负面标签的方法。

在本书随后的章节中，我将会讲述竞争性重新定位的作用。今天，你们已能看到许多采用竞争战略的案例，虽然不如我想象的那么多。最近我喜欢的一个案例是丹妮餐厅，它给竞争对手，比如 IHOP 等，贴上了"糖果早餐"的负面标签，而称自己为"真正的早餐"。

在政界，你能看到十分有攻击性的竞争性重新定位，政客们已经将此演绎成了一门科学。还记得共和党称约翰·克里为"墙头草"吗？虽然有失公允，但是很有效。在 2006 年中期选举中，民主党以牙还牙，给共和党贴上了"无能"的负面标签。想想共和党应对卡特里娜飓风和 2008 年金融危机的举措吧，这个标签真是十分公平且有效。

重新定位，应对变化

重新定位最初是为了应对竞争。现在，重新定位主要用来应对技术的突飞猛进，这种突飞猛进带来了产品的不断更新迭代。哈佛大学教授克莱顿·克里斯坦森在其著作《创新者的窘境》一书中探讨了这一主题。在该书中他创造了"颠覆性技术"一词，阐述了这些技术如何颠覆管理良好的行业老大的领导者地位。

归根结底，无论是在诸如电话通信、计算机、医疗设备或影视业等复杂领域，还是在诸如零售、教科书、贺卡或课堂教学等相对简单的领域，变化都会带来损失，在接下来的章节中我们将会对此专题展开详细讨论。

有趣的是，克里斯坦森的书中所列举的一些公司我都曾合作过，我的工作是运用重新定位来应对此类变化。诀窍就是找到一个概念，能够重组你的认知，从而适应这种极为危险的变化。

克里斯坦森写到数字设备公司（DEC）的没落，这家公司一度凭借小型计算机成为全球第二大计算机公司。在一次与DEC创始人肯·奥尔森和他的弟弟斯坦·奥尔森的会面中，我们提出了重新定位战略，以应对IBM的个人电脑部门推出的威胁到小型计算机的商务台式电脑技术。可惜，肯·奥尔森当时选择按兵不动，先观望IBM做什么，然后再给出"致命一击"（很像诺曼底登陆时的德国军官一直观望盟军的做法）。

我曾在施乐公司会议室向其CEO提出重新定位战略，以应对激光打印技术的到来。这种新技术已经威胁到了传统文件复印设备生产商的生存，但他并没有看到事态的紧迫性，也不认为公司需要做任何改变。（惠普公司却因此开创了一项伟大的事业。）

我曾在西尔斯公司制定重新定位战略，用以应对来自仓储式大卖场的压力。彼时，大卖场正在将西尔斯挤出其原先主导的市场。遗憾的事再次发生，管理层并没有选择改变他们的战略，他们不认为必须做些改变以求生存，如今西尔斯深陷困难重重的境地。

《创新者的窘境》一书明确指出了这一问题，但克里斯坦森并没有给出答案——一个如何应对变化的有效商业战略。因为，他不懂重新定位。

重新定位，应对危机

现在我们正面对最新的危机。首先，我们面临宏观危机。好像突然之间，全世界所有的公司都不得不调整计划，以求应对这个只能用"极其糟糕"来形容的经济环境，重新定位又一次闪亮登场。换言之，你如何重组认知以传播价值——一个存在于每个人心智中的概念？

你会看到，很多公司通过降价促销来实现这一点。韩国现代汽车公司给出的促销政策是"如果你失业，我们回购汽车"；其他公司则开出更低价格，或者买一送一，或者提供更大的折扣。我更愿意看到公司讨论价值，而非价格。降价会导致恶性循环，要知道竞争对手随时会拿起笔，标低自己的价格。

你可能会发现，各个食品品牌，可以因为一美元而相互厮杀，它们之间的竞争到了锱铢必较的地步。德尔蒙特食品公司正在促销其罐装食品，宣称罐装食品的价值高于冷冻食品。奥斯卡梅尔德熟食店说"保证新鲜不打折"，其中含义，你懂的。

其次，我们也会面临微观危机。即便如 AIG 或通用汽车这样的公司要生存下去，也需要重新定位。当你想尝试改变心智时，你会发现这难如登天，有时甚至无法改变，这就是商业的复杂之处。

当你想到 3C(竞争、变化和危机) 时，你就会明白为什么重新定位作为一种商业战略的时代已经来临。所以，接着往下读吧。

杰克·特劳特

REPOSITIONING

目录

序言

第一部分　竞争

第四部分 重新定位的艺术

竞争

第一部分

在战争中，因仁慈而产生错误是最糟糕的。

——克劳塞维茨

笔者在商业领域工作的这些年间，如果说有什么发生了急剧变化，那就要数竞争水平的惊人提高了。当今世界，竞争愈演愈烈，毫无消减之势。

市场增长时，竞争并非如此艰难。换言之，水涨船高。但是退潮时呢，所有的船都下沉时，会发生什么？你的业务从何而来？答案是显而易见的——来自其他船。因此，出于种种原因，你必须拿起你的武器，时刻准备着与竞争对手开战。

REPOSITIONING

第 1 章

心智规律

回顾定位的本质对我们而言至关重要，因为它也是重新定位的基础。对于这个问题，我们不得不借鉴一下以前的著作。如果你对它的内容依然记忆犹新，请坚持一下。

定位就是在潜在顾客心智中创建差异化，这关乎心智在沟通中如何工作。

重新定位就是重组认知，这些认知可以是关于你的，也可以是关于竞争对手的（在随后的章节中会有很多这方面的内容）。在这两种情况下，为了让战略发挥作用，你必须了解心智是如何工作的，或者别人是怎么想的。

就这一主题，我们出过多本书，发表过许多篇文章，也演讲过无数次。亲爱的读者，如果你错过了这些，下面有一个纲要，对心智的工作原理以及定位的关键原则做了简单介绍。

通过了解心智的工作原理，你将会更好地实践定位和重新定位。

心智疲于应付

虽然心智依然是个谜，但我们知道有一点是确定的：它正遭受攻击。

大多数西方社会都处于过度传播之下。各种媒体的爆炸式增长和随之而来的信息量暴增，都显著影响着人们处理信息的方式。人们要么接受，要么忽视。

过度传播已经改变了人们的沟通方式，深刻地影响着人们。如果说 20 世纪 70 年代是信息超载，那有海量信息的新世纪又该怎样形容呢？

这里有一组统计数据，可以生动地说明这个问题：

- 近 30 年产生的信息，比此前 5000 年产生的信息还要多
- 印刷品的信息总量每 4 年或 5 年就会翻一番
- 《纽约时报》（平日版）每天刊登的信息比 17 世纪一个普通英国人一生接收到的信息还要多
- 全世界每天出版的书超过 4000 种
- 每位白领每年平均用掉约 70 公斤复印纸，这是 10 年前的 2 倍

网络信息爆炸

在我们这个过度传播的社会，网络信息的情况又如何呢？

根据《美国科学人》杂志的统计，互联网上有数以亿计的页面，且每天以数百万个页面的速度在增加。

无论你身处全球哪个角落，都能接收到卫星源源不断发来的信息。在英国，一个孩子18岁之时，他就已经接触过约140 000个电视广告；在瑞典，消费者平均每天收到的商业信息超过3000条。

广告信息方面，在欧洲11个国家每年会播放超过600万个电视广告，电视频道已经从12个暴增到1000多个。这意味着你的差异化概念必须尽可能简单明了并且显而易见，更重要的是，它必须在所有媒体上一遍又一遍地播放。政治家力图恪守政治立场，而商业人士则必须保持差异化。

心智厌恶混乱

人类是有史以来最依赖学习的物种。

学习是动物和人类获得新信息的途径，记忆是人类储存信息的方法。记忆不仅仅是记住一个电话号码的能力，它更是一个动态的系统，用在思维处理的方方面面。我们利用记忆去观察事物，理解语言，以及寻找出路。

记忆如此重要，那么让人记住的秘诀又是什么呢？

当阿尔伯特·爱因斯坦被问及哪一件事对他提出相对论最有帮助时，他如是回答："找到思考问题的方法。"

抓住问题的本质就成功了一半。整体而言，这意味着你要深谙竞争对手和它们在潜在顾客心智中所处的位置。

重要的不是你想要做什么，重要的是竞争对手让你做什么。

简单的力量

一些产品的基本概念预示了它们的失败，并不是因为它们毫无作用，而是因为它们毫无意义。想想 Mennen 维生素 E 除臭剂，你理解的没错，就是往你腋窝里喷维生素，这毫无意义，除非你想拥有全国最健康、最有营养的腋窝。所以，它很快就失败了。

再看看苹果的牛顿机，这是一个集传真机、寻呼机、日历于一体的手写电脑。它太复杂了，所以它不复存在了，更简单的 iPhone 反而取得了巨大的成功。

心智厌恶复杂和混乱，进入心智最好的方法，就是极度简化你的信息。那些最成功的广告都是专注于一个词（沃尔沃：安全；宝马：驾驶）。这里的关键，是要聚焦在一个强有力的差异化概念上，并且把它打入潜在顾客的心智，千万不要试图把你所有的信息和盘托出。

解决问题的简单方法，往往在头脑中一闪而过，能否找到简单方法和智力高低关系并不大。如果非要说有简单方法，那就是对你要讲述的信息大刀阔斧地删减。

如果一个故事你能讲，别人也能讲，还和你讲得一样好，删除。任何需要通过复杂的分析进行论证的信息，删除。任何信息，只要它不符合潜在顾客的认知，删除。

心智缺乏安全感

纯粹的逻辑不能保证赢得市场，心智往往既感性又理性。消费者为什么要买这个品牌？如何解释消费者在市场上的购买行为？

当你问消费者为什么要购买某个商品时，他们给出的回答往往不太准确，或者没多大用处。

也许他们知道其中的原因，但不愿意吐露实情。然而，更多的时候，他们真的不是很清楚为什么要买这个商品。

如果要回忆些什么，心智会记起那些已经不复存在的东西。这就是为什么一个知名品牌，往往会在人们的记忆里停留很长一段时间，即便该品牌已不再投放广告。

20世纪80年代中期，有人做了一次关于搅拌机的认知调查。消费者被问及他们所能记得的所有搅拌机的品牌，结果通用电气排名第二，要知道通用电气已有20年没有生产搅拌机了。

跟风购买

通常，人们购买他们认为应该购买的东西。他们并不知道，自己会像一只羊一样，跟着羊群走。

大多数人真的需要一辆四驱车吗？显然不需要。如果真的需要，那为什么四驱车在前几年不流行呢？因为，那时它们不时髦。

这种行为的产生，主要原因是人们缺乏安全感。关于这个话题，许多科学家已经写了很多文章。如果你的产品已经在市场上存在很长一段时间了，人们会更信任你，并且在购买你的产品时感到更安全。这就是为什么经典是一个很好的差异化因素。

许多原因造成心智缺乏安全感，其中一个是在"购买"这样的基本行为中感知到的风险，行为学家总结了 5 种形式的感知风险。

- 金钱风险（买这个东西可能让我上当、赔钱）
- 功能风险（它可能不好用，或者不如想象的那么好用）
- 生理风险（它看起来有点危险，我可能会受伤）
- 社会风险（如果我买这个商品，我的朋友会怎么看我）
- 心理风险（买这个商品，我可能会内疚或觉得不负责任）

所有这些解释了为什么人们同情弱势品牌，却买领导品牌：如果其他人都买了，那我也应该买它。

心智不可改变

在市场上，试图改变消费者心智是徒劳的。

- 施乐花了数亿美元试图说服消费者，施乐计算机物超所值、值得购买，但人们不买账。不过，施乐复印机仍然卖得不错。
- 可口可乐试图说服消费者，新可乐比"正宗货"更好，结果名利双失。没人买新可乐，倒是经典可乐卖得一如既往地好。
- 纯果乐改变了广受欢迎的印有"插着吸管的橙子"的包装，市场销量立即应声下滑。消费者想要的是"橙子"，而不是看起来像个标签的包装，结果纯果乐不得不改回了原包装。

如果消费者对一个产品形成了心智认知，就不要尝试去改变其心智。

这就是说，重新定位并不是要改变人们的心智，而是重组消费者心智中的认知。这方面的更多内容，将在后面的章节详细介绍。

心智会丧失焦点

丧失焦点其实是品牌延伸造成的。在营销界，没有哪个问题像品牌延伸这样富有争议了。

公司从经济角度审视它们的品牌。为了获取成本效益和行业认可，它们选择了将高度聚焦的品牌，即代表某个产品或服务的品牌，延伸为没有焦点的品牌，即代表两三个甚至更多产品或服务的品牌。

我们从心智的角度来分析品牌延伸问题。一个品牌的产品种类越多，就越容易在心智中丧失焦点。慢慢地，像雪佛兰一样，品牌变得毫无指向。

Scott 曾经是卫生纸的领导品牌，将该品牌延伸为 Scotties、Scottkins 和 Scott Towels 后，很快购物清单上的"Scott"就不知为何物了，不久 Charmin 便取代 Scott 成为卫生纸品类领导品牌。品牌延伸不是重新定位战略，在第 6 章对此会有详细讲解。有些专家会告诉你建立一个无所不能的大品牌，别信他们，这样做的后果只能是令一个品牌乱成一团。

一些令人惊讶的调查

70% 的新产品都是在既有品牌下推出的。既然如此，你可能会认为，一定有相关的数据支持品牌延伸，但事实恰恰相反。

《消费者营销杂志》曾对美国和英国 5 个市场的 115 种新产品进行大规模调查。该调查将两种情况下推出的产品所赢得的市场占有率进行了对比，一种是沿用既有的产品品牌或公司品牌，另一种是启用新品牌。

在产品推出两年后，计算它们各自的市场占有率。结果显示：品牌延伸产品的表现远低于新品牌产品的表现。

《哈佛商业评论》曾发表过一篇关于品牌延伸的调查文章。文章显示，品牌延伸弱化了品牌形象，并使消费者与品牌的黏性变小。

但尽管如此，营销界仍然无法摆脱品牌延伸的诱惑。结果就是，品牌越来越羸弱，越来越多的品类受到货品化的威胁。

REPOSITIONING

第 2 章

大竞争的到来

　　每个重新定位项目都要以消费者心智的
竞争为起点。重要的不是你想要做什么，重
要的是竞争对手让你做什么。除非你有一项
了不起的新发明，或者无意间进入垄断行业，
否则你就会遭遇强大的竞争对手，它们随时
都在想方设法抢走你的业务。

　　如果你对近几年的情况不太了解，只要
看看现在市场上可供选择的商品数量就明
白了。

竞争的爆炸性增长

　　最近几十年来，商业的一个显著变化就
是，几乎每个品类的商品数量都在惊人地增
长。据估计，现在美国市场上有 100 万个标
准库存单位（SKU），一个普通超市就有 4 万
个标准库存单位。而令人吃惊的是，每个普
通家庭 80% ～ 85% 的生活必需品，150 个标
准库存单位就能满足。这就意味着，很多时
候，超市里剩余的 39 850 个标准库存单位无
人购买。

在 20 世纪 50 年代，购买一辆汽车意味着从通用、福特、克莱斯勒或美国汽车公司中选择。今天，你还可以从通用、福特和克莱斯勒中选择，但你也可以从讴歌、阿斯顿马丁、奥迪、宾利、宝马、本田、现代、英菲尼迪、五十铃、捷豹、吉普、起亚、路虎、雷克萨斯、玛莎拉蒂、马自达、奔驰、三菱、日产、保时捷、劳斯莱斯、萨博、土星、斯巴鲁、铃木、大众、沃尔沃中选择。在 20 世纪 70 年代初，市场上只有 140 个机动车车型，而现在则超过了 300 个。

而汽车轮胎的选择则更多。以前，你可以选固特异、凡士通、通用轮胎和西尔斯。今天，只在一个 Tire Rack 的轮胎零售店，你可以选择的范围就大大增加了，诸如 Avon、固特里奇、普利司通、马牌、Dick Cepek、邓禄普、凡士通、Fuzion、通用轮胎、固特异、韩泰、锦湖、米其林、倍耐力、住友、东洋、优耐陆和横滨等众多品牌，都可以选择。

最大的不同是，过去是本土企业在国内市场相互竞争，如今市场已经全球化，所有竞争企业在全球各地市场全面展开竞争，各行各业都是如此。

医疗保健业的竞争

我们来看看医疗保健这种民生行业的竞争情况。以前，美国人有指定的医生、指定的医院、蓝十字协会，以及安泰/美国医疗保健、Medicare或Medicaid医疗保险。

而如今那些指定的医院，却不得不和它们自己的医生创办的独立诊所进行竞争，更不用说其他同城的医院，其他城市甚至其他州的远程医院了。

甚至一些全国性的医院，如梅奥诊所和克利夫兰诊所也参与到了与地方医院的竞争中。总部位于明尼苏达州的梅奥诊所，在亚利桑那州的斯科茨代尔和佛罗里达州的杰克逊维尔都有分院。名气不大但同样有很高评价的克利夫兰诊所，已经在俄亥俄州以外的佛罗里达州、加拿大的多伦多，甚至阿联酋的阿布扎比开设了分院。

你想要医疗保险吗?（谁又不想呢?）如果你住在新泽西州，你可以选择六个保险公司之一，如安泰、AmeriHealth、信诺保险集团、HealthNet、地平线蓝十字蓝盾公司和Oxford。似乎任何了解保险的消费者，都能轻易做出选择。哦，还有一件事顺便告诉你，这六家保险公司提供了不少于 100 种的商业保险计划（如果你真能读完所有这些保险计划，估计你会有严重的偏头痛）。

华盛顿最新消息，奥巴马政府正野心勃勃地计划提供自己的医疗保险品牌。

太多的选择足以让人们晕头转向，以至于《美国新闻与世界报道》杂志开始对医院和保健组织进行评级，以使人们可以更容易地做出选择。

联邦政府和几乎每个州向公众发行医疗卫生"报告卡"。你可以查看医生和医院的排名，这些排名以临床效果、会员满意度、管理数据、专业及组织数据等为评估标准。

或许你更喜欢从非政府机构获取医疗信息。HealthGrades 是一家领先的独立医疗保健评级机构，你可以在这里优选更好的服务机构，HealthGrades 拥有多达 750 000 名医生、5000 家医院和 16 000 家养老院的评估报告和排名。

人们真是彻底被搞晕了，以至于不担心生病了，而是担心去哪里才能够获得更好的治疗。

消费电子业的竞争

好吧，我们假设你打算在商场里买一个新的 CD 机，还有录音器、扬声器和耳机等。当你随便走进一家当地百思买，并在音响区稍做停留，你会发现至少有 21 种选择：博士、Chestnut Hill Sound、Coby、Crosley、天龙、哈曼卡顿、Insignia、ION Audio、杰士、罗技、露玛、松下、飞利浦、先锋、普乐之声、夏普、Sonos、索尼、士丹顿、Technics 和雅马哈。（你的耳朵失聪了吗？）

再告诉你一件事，这些音箱组件可以随意组合和搭配，这意味着你有组装超过 10 万种不同立体音响设备的可能。（现在我们知道，你的耳朵失聪了。）

竞争还在蔓延

我们刚才所说的是美国市场情况。迄今为止，美国是世界所有市场中提供选择最多的市场。（因为美国人很有钱，市场人员都想赚他们的钱。）

再来看看作为新兴市场的中国。中国消费者的选择正逐渐增多，既可以选择国内商品，也可以选择国外商品。最近的一项调查显示，一个由品牌食品组成的中国国内市场正在逐步形成，中国已有 135 个全国性的食品品牌供消费者挑选。

但是，有些市场还远未形成。对像利比里亚、索马里和坦桑尼亚这样的国家而言，选择还只是一种奢望。

细分法则

驱动选择的是细分法则，这在《22 条商规》里有论述。

就像变形虫在培养皿中的分裂繁殖，市场可以看作一个不断扩大的品类海洋。开始时，一个品类只有一种商品，例如计算机。但随着时间的推移，这个品类就会细分出许多个子品类：大型机、小型机、工作站、个人电脑、笔记本、便携式电脑和手写电脑等。

像计算机一样，汽车刚开始也是一个单一品类。三大品牌（雪佛兰、福特和普利茅斯）主导了市场，随后汽车品类开始细分。如今，市场上有豪车、中等价位汽车和经济型汽车；大型车、中型车和紧凑型车；跑车、敞篷车、轿跑、混合动力车、柴油车、四驱车、SUV、RV、小型厢式车、跨界车和巨无霸车（旅行车）。

在电视行业，美国广播公司（ABC）、哥伦比亚广播公司（CBS）和美国全国广播公司（NBC）一度占有 90% 的市场份额。而现在我们有网络电视频道、独立电视频道、有线电视频道、卫星频道和公共电视频道。
如今，人们可以观看 900 个有线电视频道的
节目（美国有线电视新闻网在 25 频道，高尔
夫频道是 145，Encore Westerns 频道是 353，
高清动物星球频道是 757）。这么多频道，如
果你挨个找想看的节目，等你找到时，节目
估计也要结束了。

"细分"是一个不可阻挡的趋势。如果你
还有任何疑问，看看表 2-1 中的各个项目的
数量就明白了。

表 2-1　竞争激增

项目	20 世纪 70 年代早期	20 世纪 90 年代晚期
汽车系列	140	260
肯德基菜单品种	7	14
汽车型号	654	1 212
油炸玉米饼品种	10	78
运动休闲车款式	8	38
早餐谷类食品	160	340
个人电脑型号	0	400
软件种类	0	250 000
软饮料品牌	20	87
瓶装水品牌	16	50
牛奶品种	4	19

（续）

项目	20 世纪 70 年代早期	20 世纪 90 年代晚期
高露洁牙膏	2	17
杂志品种	339	790
漱口水	15	66
新书品种	40 530	77 446
牙线	12	64
社区大学	886	1 742
处方药	6 131	7 563
娱乐公园	362	1 174
非处方止痛药	17	141
电视机屏幕种类（按尺寸）	5	15
李维斯牛仔裤款式	41	70
休斯敦电视频道	5	185
跑鞋款式	5	285
广播电台	7 038	12 458
女袜款式	5	90
麦当劳菜单品种	13	43
隐形眼镜种类	1	36

"选择业"

所有这一切，导致了一个致力于帮助人们进行选择的行业（就像我们之前已经谈论过的医疗报告卡）的诞生。

　　无论你走到哪里，都会有人向你提供建议，例如在 8000 支共同基金中你应该买哪支，或者如何在圣路易斯找到合适的牙医，又或者如何从几百个商学院中选择合适的 MBA 课程。（哪个 MBA 课程能帮你在华尔街找份工作？）

　　网上到处都是互联网公司，它们可以帮你寻找、挑选任何你能想到的东西，并且承诺最低价。

　　《消费者报告》和《消费者文摘》等杂志不断刊登大量报道，介绍各行各业以及海量的产品，以供读者选择。现在的问题是，这些杂志介绍得太详细，以至于看完文章后消费者变得更加不知如何选择了。

　　消费心理学家说，海量的选择正把我们逼疯。关于这个话题，卡罗尔·穆格博士说："太多的选择，所有的东西都唾手可得，人们变得无所适从。从营销的角度看，人们已不再关心产品的多少，变得像肥鹅一样疲惫，丧失了决策能力。他们退而保护自己不受过度选择的刺激，他们厌倦了。"

选择可能成为阻力

典型的观点认为，选择越多，越有吸引力，但穆格博士认为，实际上恰恰相反。过多的选择可能会抑制购买动机。

看看对 401（k）养老金计划和参与人员的调查。调查人员研究了近 80 万名人员的数据，他们来自 69 个行业，参与了 647 个计划。

情况怎么样？随着可选基金数量的增加，人员的参与率反而在下降。太多的选择造成混乱，最终导致人们放弃。

斯沃斯莫尔学院社会学教授巴里·施瓦茨写了一本关于过多选择导致放弃的书，名为《选择的悖论》。他在 2006 年的一个行业论坛上发表讲话时说道：

> 人们被选择压垮，以至于不知所措，太多的选择使人们很可能推迟决定。过高的期望，往往使人们对自己做出的选择懊悔不已。如果只有两条牛仔裤可以选择，估计你不会有太高的期望值。如果有几百条，你可能会想要找到一条完美的。

必须小心

如果你忽视了你的独特性，开始试图满足所有人的所有需求，很快你就会破坏你自己的差异化特性。来看看雪佛兰汽车，它曾经是物超所值的家用汽车的领军品牌，在它试着增加了"昂贵""运动""小型"和"卡车"的特性后，它的差异化特性逐渐消失，销量也随之下降。

如果你忽视了市场的变化，你的差异化特性的重要性就降低了。例如，DEC曾经是首屈一指的美国小型计算机制造商，它忽视了技术变化正在使台式电脑在办公室占有主导地位。它的差异化特性变得不重要了，如今DEC已被康柏兼并，不复存在，而康柏随后又被惠普兼并了。

如果你一直活在强大竞争对手的阴影之下，始终无法差异化，你会很虚弱，不堪一击。西屋电气，就一直活在通用电气的阴影之下。如今，西屋电气已经在我们的视野里永远消失了。再来看看固特里奇的例子。多年来，固特里奇一直在轮胎上不断进行技术创新，但是受益的却总是固特异。问题出在名字上，固特里奇的名字同它最大的竞争对手固特异的名字太像了，以至于在潜在顾客的心智中两者根本没法区别开。没有人会说："买个固特里奇轮胎吧。"

在这个无情的世界里，竞争会变得越来越残酷。这就是为什么你必须学会重新定位，并以此为战略打击你的竞争对手。

REPOSITIONING

第 3 章

重新定位竞争对手

如序言所述，重新定位的原意是指给竞争对手贴上负面标签，并以此来确立自己的正面定位。

最近，由于经济萧条，越来越多的公司为了争夺消费者而使用这种战略。胶卷公司柯达，将它的喷墨打印机与未提及名字的"大品牌打印机公司"价格昂贵的产品做对比，这当然要花不少钱，还好柯达资金雄厚。柯达甚至派专人到网上统计，究竟买那个竞争对手的产品会多花多少钱。苹果给它的竞争对手的个人电脑贴上"呆板"的负面标签，言外之意是说苹果电脑的正面定位是"很酷"。（第8章将详述。）

同样，麦当劳一直试图将"不知所云的咖啡"这个负面标签贴在星巴克身上，以此来推销自己的拿铁和卡布奇诺。为此它甚至创建了一个叫 unsnobbycoffee 的网站，向顾客保证，他们不需要学习"第二语言"来点咖啡和其他饮料。

谨慎攻击

有时在商战中，全品类无一是赢家。

沃顿商学院市场营销教授张忠发现，充满敌意的广告，比如某些啤酒厂家的广告，特别是百威和米勒"损"人"抬"己的广告，效果可能适得其反。此类广告不但没有将消费者吸引过去，反而让消费者对该品类所有的商品失去兴趣。这又会导致企业为了吸引更多的消费者而不得不降价，结果造成全行业的利润下降。

当你冲出去攻击你的竞争对手时，要当心被反击。例如，金宝汤公司去年为其新产品进行了广告宣传活动，声称竞争对手浦氏公司添加了谷氨酸单钠。浦氏公司马上回击，声称金宝汤同样使用了谷氨酸单钠。结果，它们两败俱伤。

多年前，Scope 漱口水将"味道难闻"的负面标签贴在李施德林身上，并声称使用者会满口"药味"。这确实为 Scope 漱口水确立了"口味好"的正面定位，但事情并没有尽如人意。李施德林用坦诚法则回击了这一攻击，并称"讨厌的味道，一天两次"。广告强调的重点在于，正是因为它有药味不好闻，所以它一定能杀死很多细菌。你看，这就是攻击与反击。

寻找弱势

重新定位竞争对手，往往就是寻找领导者的强势中的弱势，并加以攻击。

没错，我们就是要在领导者的强势中寻找弱势，而不是发现领导者的弱点。有时候，领导者会有一些弱点，但那仅仅是弱点而已，而不是强势中固有的弱势——领导者可能忽略了这一点，觉得这会令人不快，或者干脆把它丢在脑后了。但是，还有一种弱点，正是由领导者的强势引起的。安飞士曾做广告说："选择安飞士，我们柜台前的队伍更短。"而赫兹公司却很难反击这个重新定位战略，这正是赫兹公司作为最大租车公司所不能避免的短板，这也是多数领导品牌固有的内在弱势。

这样的战略思维可以用来对付任何强大的、无所不在的强势品牌。例如，你怎么去攻击金宝汤公司的汤呢？不要在口味、价格上打主意。事实上，忘记罐头盒里所有的东西吧，把注意力集中在罐头盒本身上，这才是金宝汤的固有弱点。

铁罐会生锈。但金宝汤的制罐设备价值数亿美元，它是不会轻易替换的。然而，这不影响新进入的竞争对手，它可以用塑料、玻璃或无菌包装，然后与金宝汤玩"踢罐子"游戏。

不要指望任何公司能很快接受这些概念。出色的竞争性重新定位战略很难一下子推销出去，因为本质上它们带有负面因素，它们与大多数管理者的"正面思维"背道而驰。

俄罗斯的矿泉水之战

有时候，一家公司的营销可能是一个弱点。在俄罗斯，排名第一的矿泉水品牌是 Aqua Minerale。事实上，它是百事公司旗下的一个品牌，所以毫不奇怪，它的营销做得非常好。百事公司掩饰其水源，对品牌进行了有效的定位。它将"矿物质"一词加入品牌名字，并将山脉图案印在商标上，从而使消费者相信水来自山区，真是聪明。

俄罗斯市场上，最早的矿泉水品牌是一个叫 Borjomi 的本土品牌。毫不意外，它的营销非常糟糕。但由于它是最早的矿泉水品牌，许多老顾客都认为 Borjomi 是行业的领导者。但它却没能好好利用这一点，而是推出了令人困惑的延伸品牌，如"Borjomi Light"和"Borjomi Springs"，所有这一切无疑削弱了品牌认知。

对 Borjomi 而言，显而易见的战略是对 Aqua Minerale 重新定位，通过广告告诉消费者后者不是真正的矿泉水，而是假冒的矿泉水，真正的矿泉水才是最好的。广告可以把这个概念简单直白地表述出来，只要把两个品牌的商标并排放在一起，并配上标题：

你无法通过商标辨识真正的矿泉水

在 Aqua Minerale 的商标下，写上"这瓶水并非来自山区"；在 Borjomi 的商标下，写上"这瓶水来自深山，天然的矿泉水才是最好的"。

正如在柔道中你可以利用对手的力量来反戈一击，这是一个利用竞争对手的强势营销进行反击的经典案例。

攻击必须引起共鸣

任何时候你给竞争对手贴上负面标签，它必须很快能被你的潜在客户认同和接受。

人人都知道李施德林的味道难闻，但并不是每个人都知道星巴克的"不知所云"，所以"不知所云"这个概念引不起共鸣。汤里有谷氨酸单钠，这个概念有点复杂，也不易引起共鸣。

当公猪王熟食声称自己的肉产品和奶酪不含人工色素、人工香料或反式脂肪时，它是在重新定位它的竞争对手产品不是很好。这会引起共鸣，为什么？因为公猪王售价更高，并且在高档且质量让人放心的熟食店和美食店销售（这些店都是以高质量闻名的）。

检验概念的另一种方法，是问问它能否在心智中引起爆炸反应。当你提出你的概念时，你的潜在顾客应该几乎立刻就接受它，不需要进一步的解释或论证。这个概念应该是显而易见的，不需要长时间思考。如果一个概念无法引起爆炸反应，或者需要更多的解释，它就不是一个很好的重新定位竞争的概念。心智中的爆炸反应几乎意味着潜在顾客立即接受，完全同意，没有任何疑问。

无关乎价格

试图重新定位竞争对手价格更贵，通常不是一个很好的战略。

价格往往是差异化的敌人。顾名思义，差异化就应该物有所值，这就是为什么人们愿意多花钱购买此类产品或服务，或者至少愿意以相同的价格购买。

如果价格成为消费者的关注点或公司市场活动的重点，你就会与独一无二这一定位背道而驰。你所做的，无非就是让消费者在激烈的竞争中以价格为主要的购买因素，这种方式并不可取。

很少有公司能以这种方式长久维持，道理很简单，因为你的每个竞争对手都有定价的权利，并可以随时降价。这样一来，你就没有任何优势可言了。

正如哈佛大学的迈克尔·波特所说：如果价格没有底线，降价无异于自杀。

便宜的胡萝卜

为了印证波特的观点，我们来看一个案例。有一家初创公司，开发了一套独特的小胡萝卜包装系统，它与业内已存在的两家大供应商相比，具有绝对的价格优势。

为了把自己的产品摆上超市的货架，初

创公司以更低价的胡萝卜而不是更好的胡萝卜进入市场，重新定位这两家竞争对手价格高。于是，两家大供应商立即降价，与新崛起的初创公司价格持平。这迫使初创公司把价格降得更低，而两个老字号再次降低价格，与初创公司价格再度持平。

商战打到这，一位董事会成员要求初创公司管理层预测接下来将会发生什么，管理层预测：两家大供应商不会继续降价，因为这样做"不理智"。原因显而易见，由于采用陈旧的包装技术，成本高，它们已经在亏钱。

那位董事打电话给我们，问我们怎么看管理层的预测。我们告诉他，它们的降价行为完全是理智的。已经在市场上占据主导地位的它们，怎么会让一家在生产价格上具有优势的初创公司轻易进入市场呢？它们一定对自己过去的降价跟进行为非常满意。

在接下来的董事会上，我们鼓励初创公司管理层把新的生产系统出售给其中一家老字号大公司，初创公司可以从中获得丰厚的利润。

大家皆大欢喜，但是又一低价战略一败涂地了。

大卫·奥格威的定价策略

大卫·奥格威，一个同罗瑟·瑞夫斯和比尔·伯恩巴

克齐名的传奇人物，有一些对交易和价格非
常有见地的见解，至今还值得我们回味：

任何一个十足的傻瓜都可以达
成交易，但创造一个品牌却需要天
赋、信念和毅力。

丰厚的回报不一定总是在下一
季度的每股收益中体现，但迟早会
体现的。当菲利普·莫里斯公司花
费50亿美元买下通用食品公司时，
它购买的是其强大的品牌。

曾经有一个叫蔡斯山伯（Chase
& Sanborn）的咖啡品牌名噪一时。
随后它开始促销，并沉迷于降价。
现在还有蔡斯山伯吗？早已销声匿
迹了。

致力于用广告为品牌创建一个
良好的形象、最鲜明个性的公司，
将获得最大的市场份额，以及最高
的利润。

是时候敲响警钟了！警告那些

　　沉迷于促销降价以至于没有钱去打广告的品牌，
后果是极其严重的。

　　打折不会为你的品牌树立坚不可摧的形象，
更不会让你的品牌成为美国生活的一部分。

攻击的关键是要建立正面认知

　　大卫·奥格威指出，你需要为自己的品牌树立正面形
象，这也正是攻击竞争对手为其贴上负面标签的目的所在。
几年前，红牌伏特加给它的美国竞争对手贴上"美国造"
的负面标签（这些家伙试图让消费者相信它们是俄国伏特
加）。红牌就是这样，为自己树立了正宗"俄国伏特加"的
形象。

　　多年前宝马在美国市场推出产品时，就是将奔驰重新
定位为"终极乘坐机器"，从而为自己建立了"终极驾驶机
器"的长期定位。将奔驰重新定位为"轮胎上的客厅"引
起了人们的共鸣，因为当时奔驰确实在制造大型豪华汽车。
宝马首先推出的是其 3 系，这和目前的 7 系截然不同，7
系也是偏重乘坐感受的汽车，而这也是笔者为什么不是宝
马粉丝的主要原因。宝马不再强调驾驶，而是转为高科技
的乘坐汽车，这也就是为什么你没有在大街上看到许多宝

马在到处跑的原因。

一个遗失的正面定位

几年前，笔者为委内瑞拉一个番茄酱大品牌 Pampero 工作。当我们被请去时，德尔蒙特和亨氏已经将其挤下了第一的位置，Pampero 正在走下坡路。它急需一个差异化的概念，以超越当时 Pampero 宣传的"更红"或"更好"。

为什么 Pampero 更好？公司是如何加工番茄的？一番调查之后，我们发现 Pampero 在加工番茄之前会去皮以增强口感和色泽，而这正是竞争对手在生产过程中没有做到的。

于是就有了一个有趣的想法，因为许多人都知道大多数食谱会建议使用番茄时去皮。Pampero 可以利用这个"去皮"的概念，因为它带来了质量和口感的不同。

在我们把这个最好且唯一的重建品牌认知的方法告诉公司后，Pampero 有些为难，因为公司正打算实施一个省钱的自动化工序——不去皮（像德尔蒙特和亨氏一样），

Pampero 可不愿意再沿用传统的加工方法了。

我们的建议是，Pampero 可停止自动化的计划，因为"去皮"正是其差异化特征。与比你更强大的竞争对手使用相同的生产工艺进行同台竞争，无异于自杀。正确的做法是，在竞争中努力为你的对手贴上"有皮"的负面标签，建立自己是"无皮"番茄的正确定位。遗憾的是，这个重新定位的战略并没有被付诸实施。

将竞争对手归位

有时候，虽然不常见，重新定位不是给竞争对手贴上负面标签，而是将处于领导地位的竞争对手置于其应有的位置，或者说，将对手重新定位在第二的位置。而这正是我们为西班牙橄榄油生产商提出的建议。

很少有人知道西班牙是真正的橄榄油主要生产国，它生产了世界上超过一半的橄榄油。产量排名第二的意大利，其橄榄油生产量只有西班牙的一半。事实上，西班牙的橄榄油产量比其他所有国家的总和还要多。

但有一个很大的问题：虽然西班牙的橄榄油产量占主导地位，但是一提到橄榄油许多人首先会想到意大利。所以，西班牙生产了大部分的橄榄油，而意大利则靠橄榄油品牌赚走了大部分的钱。是怎么做到的呢？
意大利人从西班牙买入橄榄油，把它封装在
罐子和瓶子里，然后当作意大利橄榄油来卖。
西班牙应该怎么做？这是西班牙生产商问我
们的问题，我们的回答是需要三个步骤。

第一步，重新定位西班牙为"世界头号
橄榄油生产国"，这一鲜为人知的事实必须灌
输到消费者和未来顾客的心智中。西班牙的
产量信任状是信息的重要组成部分，产量超过
其他所有竞争对手总和的这个故事也很有必要
讲给消费者听，但是意大利品牌已经进入消费
者心智，所以必须找到一个方法，能够重新定
位意大利为使用西班牙橄榄油的生产国。

第二步，借用历史把这个事实戏剧化地
表达出来，我们建议西班牙制作如下广告进
行传播：

2000 年前，

罗马人就是我们最好的客户。

今天，他们还是。

这个信息传递的一个要点是，意大利人
在品尝了各种橄榄油后，就能分辨出哪种是

最好的橄榄油。意大利因其烹饪而闻名，这是一个非常好的表述。但是，还有一个问题。

第三步，提升辨识度。如果人们要寻找西班牙橄榄油，他们怎样才能找到呢？为此，我们设计了一个标签，使人们能够很容易识别出来自西班牙的橄榄油。这是一个简单的标签——"100% 来自西班牙的橄榄油"，贴在每一罐和每一瓶纯西班牙橄榄油上。

这与安飞士第二的广告正好相反，我们重新定位了意大利橄榄油，使其回到原来的位置：第二位。

重新定位商品

既然我们谈论了橄榄油，让我们再看看其他商品吧。肉类和农产品也已经找到了重新定位自己的方法，从而创造了独特的销售主张。它们成功的战略可以归纳为以下五种方式。

1）识别。在把一个小的金吉达标签贴到香蕉上后，普通的香蕉就变成了品牌香蕉。同样，都乐在菠萝上贴上了都乐标签，莴苣种植者把每棵莴苣放进透明包装袋里。当然，你要说服顾客，为什么他们要认准这些带有标签的商品。

2）人格化。绿巨人成为蔬菜家族中有差异化战略的公司，弗兰克·珀杜成为鲜嫩鸡肉背后的强硬人物。

3）开创新品类。香瓜营销人员欲将大个儿香瓜差异化，不过他们并没有称之为"个儿大"，而是开创了一个新品类"可丽香瓜"。泰森打算出售一种迷你鸡，不过它听起来没那么美味，所以他称之为"考尼什雏鸡"。

4）换个名字。有时候产品的名字听起来并不会引起人们的食欲。像中国的醋栗，但如果把名字改为猕猴桃，世界上一下子就多了一种能勾起人们食欲的美味水果了。

5）重新定位品类。多年来，猪肉一直就是猪身上的肉，当然这确实会让人联想起动物在泥里打滚的画面。后来猪肉搭上了鸡肉的顺风车，变成了"另一种白肉"。当红肉在认知层面出现问题时，这是一个很好的举措。（遗憾的是，真是此一时彼一时，猪流感已经让吃猪肉的人望而却步了，这的确是一个始料未及的营销问题。）

中国企业正在效仿

我们惊讶地注意到，中国企业正在迅速

地将重新定位作为一个战略来实施。这是一个关于酸梅汤的故事，它不是果汁，而是一种凉茶。它在北京已经被人们当作饮料喝了 300 多年了。

有一个大品牌康师傅和一个小品牌九龙斋，大品牌大约有 2/3 的市场份额而且成本相当低。九龙斋的酸梅汤价格要高出 40%，看起来九龙斋要重新定位了。

大品牌成本更低的原因是它在配方中使用了大量的化学合成物（是不是有点耳熟？），而小品牌的酸梅汤则是纯天然的产品，因此更贵。所以，很明显可以将"非天然"的标签贴在康师傅身上，重新定位九龙斋为"纯天然"。以下就是这个故事，九龙斋承认它的劣势——高价，但重新正面定位为"纯天然"。

> 我们不这么做，所以九龙斋的成本高。
> 我们不添加苹果酸、色素和食用香精，
> 我们追求纯天然。
> 九龙斋，
> 用最自然的方式生产纯天然的产品。

嗯，是这样，中国企业很擅长降低成本。一旦中国企业开始学习并实践重新定位，将如虎添翼，要知道中国人学东西总是很快的。

变化

第二部分

万物皆变，唯有变化不变。

——赫拉克利特，古希腊哲学家

如果你不小心提防，那么没有什么比变化更能够让一家公司消亡。如竞争一般，变化也在加快，这很大程度上是拜"颠覆性技术"所赐。

即使是大公司，同样无处可逃，也要面对变化的压力。事实上，企业越大，生存越难。到企业的墓地去走走，你就会发现有些曾经庞大的企业已凋零磨灭。

REPOSITIONING

第 4 章

变化正在发生，革新是生存之道

最近这几十年，竞争是在加剧，但变化的加速也使生意越来越难做。科技进步是变化加速的根本原因。

没有谁的作品比克莱顿·克里斯坦森的《创新者的窘境》更好地描述了这一切。笔者建议没看过这本书的人不妨买本来读，即使只读序言也值了。

克里斯坦森创造了"颠覆性技术"一词，称它是已有技术和所在公司的敌人。

表4-1就是该书中的一些例子，从中你可以看到什么在驱动变化，确实非常骇人听闻。

表 4-1　两种技术

现有技术	颠覆性技术
卤化银胶卷	数码摄像
有线电话	无线电话
电路交换通信网络	包交换通信网络
笔记本电脑	掌上电脑
个人电脑	索尼家用综合电脑娱乐平台
提供全方位服务的股票经纪人	网上股票经纪人
纽约证券交易所和纳斯达克证券交易所	电子交易网络（ECNs）
新财产和债券的全额保险	新财产和债券的网上降价拍卖
基于银行职员个人判断的信用决定	基于信用分类系统的自动贷款决定

（续）

现有技术	颠覆性技术
实体零售业	网络零售业
工业材料经销商	德斯公司和 E-steel 这样的网络经销点
纸质贺卡	网络可下载贺卡
电力公司	分散式发电站（燃气涡轮、迷你涡轮、燃料电池）
管理研究生院	企业大学及内部管理培训项目
课堂和校园教学	远程教育——一般借助于互联网
标准的课本	定制的模块化电子教科书
胶版印刷	数字印刷
载人战斗轰炸机	无人战斗轰炸机
用 C++ 语言编写的微软操作系统和应用软件	网络协议（IP）和 Java 软件协议
医师	护理师
普通医院	门诊诊所和家庭护理
开放式手术治疗	使用关节内窥镜和内腔镜摄片投影仪的手术治疗
心脏搭桥手术	血管成形术
核磁共振成像（MRI）和 CT 扫描	超声器——起初是落地式，最终为便携式

资料来源：Clayton M. Christensen, *The Innovator's Dilemma* (Boston, Harvard Business School Press, 1997-2000).

革新才是关键

想想计算机行业的惨烈厮杀。IBM 曾经垄断大型计算机市场，却长时间忽略了新兴的小型计算机，纯粹就技术而言，小型计算机要比大型计算机简单得多。DEC 开创了小型计算机市场，随后其他公司纷纷加入，包括通用数据、普莱莫、王安、惠普以及利多富等。但是接下来，这些公司却错过了个人计算机市场的兴起，而苹果、康莫多、天迪和 IBM 的 PC 部门则抓住了这次机会。但这些曾经一度非常成功的公司，只有 3 个存活下来，分别是 IBM、惠普和苹果。原因就是它们不断革新：IBM 进入了嵌入式计算机市场，惠普进入了激光打印和 PC 市场，而苹果生产出了 Mac、iPod 和 iPhone。

普通邮件 vs 电子邮件

没有哪家公司的状况能比现实中的邮递之王——必能宝目前所面临的困境更戏剧化地反映技术进步带来的挑战。1901 年，亚瑟·皮特尼为他的第一台邮递设备申请了专利。由于现在人们越来越多地发电子邮件，当年非常了得的邮寄机器，如今使用率正在稳步下滑。为什么用黑莓手机很快就能搞定的事还要靠邮递？无须封信封、不用贴邮票、可即时发送，电子邮件是一项颠覆性技术。必能宝需要重新定位，而且定位战略显而易见。

首先，公司应该认识到，必能宝品牌已经日薄西山了，现在只是不确定必能宝还能维持多长时间，邮递设备赚的钱应该投资在新品牌上。虽然放弃一个百年品牌对任何一个组织来说都不容易，但是趋势不可阻挡。这是当年西部联盟问题的重现，电话取代了电报，便宜、即时，用户能说得更多。

其次，随着必能宝慢慢退出，公司需要建立新的品牌和业务。但这并非易事，因为当今社会的竞争远比 1900 年要激烈得多。必能宝目前经营还不错，我们拭目以待下个 100 年它会怎么样。如果将企业比作马，接下来便是万里长征了。

硅图公司的悲剧

有一家公司，我们亲眼见证了其消亡的过程。早在 1995 年 7 月，没有计算机制造商能与之比肩。当时的《商业周刊》曾报道：

> 其炫目的三维图形电脑在设计侏罗纪公园可怕的恐龙时起到了关键作用。任天堂使用相同技

术对马里奥兄弟进行整容，并设计出新一代街机游戏人物，销量随之飙升。截至 6 月 30 日财年结束，硅图公司收入飙升 45%，至 22 亿美元，远远超过了所有竞争对手。最值得一提的是，首席执行官爱德华·麦克拉肯是白宫的常客，与比尔·克林顿和戈尔过从甚密。硅图公司业绩傲人，华尔街分析师更是标榜其为"新一代苹果公司"。⊖

不过，现在你可以说"它不是苹果"。2009 年 4 月，这个陨落的高科技新星将其资产以 2500 万美元卖掉，管理不善和颠覆性技术使公司快速消亡。它能幸存下来吗？也许吧。

我们曾有机会回答这个问题。当时，微软和英特尔正联手进入 3D 技术领域，并且其产品的价格比硅图公司的专有系统低得多。

⊖ "The Sad Saga of Silicon Graphics," *Business Week*, August 4, 1997.

　　我们的建议是硅图公司不应该追随微软和英特尔，而应专注于高性能计算这个它有足够实力的领域。当然，专注于这个领域，意味着要放弃快速增长的机会。硅图公司可以重新定位自己为计算机工作站的保时捷，哪个 IT 人士不想拥有高性能的计算机？还有一个战略就是与 Sun 公司和个人电脑制造商展开角逐，这也是硅图公司后来做的。

　　笔者的观点是，专注于某个领域总比破产强。但很明显，硅图公司并没有采纳我们的建议。

可持续性技术

　　最有效的革新之道就是用新战略来升级你的品牌。为现有产品寻找新的用途已经保住了许多品牌。

- 由于 3M 的不断研发，胶带已经有了 300 种不同的用途，每天消费者都能想出上百种新用法。
- 玻璃纤维出现在钓鱼竿、隔音材料、防火材料、空气过滤器和纺织品中。（仅在 1941 年，"玻璃丝"产品就被注册了 350 项专利。）
- 直升机因在战争中可以作为空中武器而扬名，如今在新西兰，它们被用来牧羊，驱赶羊群回羊圈。

　　另一个保持产品活力之道是增加服务。在加利福尼亚的沃森维尔，一家花岗岩石材公司将石头和沙子卖给当地的承包商，租用卡车来运送这些建筑材料的成本为每分钟一美元或更多。所以，速度是关键。

　　怎样才能加快速度呢？该公司开发出了一套自动装载系统。该系统类似于银行的ATM机：插卡、装料、打印收据。这套系统被称为岩石特快系统，有了它，以前需要24分钟才能完成的装货过程，现在只需7分钟。

　　如果你视客户的时间为金钱，你就可能寻求机械化，用高速的机器来代替人工，会带来很大的不同。

　　这样你的员工就可以做更多的战略性工作。因此，花岗岩石材公司被《财富》杂志连续5年选入"100个最佳雇主"榜单就不足为奇了。

取个好名字

　　一个好的公司品牌名可以令你事半功倍。50年前成立的国际服务机构（International

Service Agencies）是国际慈善援助的主要参与者。通过在
工作场所的宣传活动，它已筹集了 10 亿美元的善款用于救
灾、经济援助和教育援助。其捐款用于在非洲建立孤儿院；
在厄瓜多尔买骆驼，为家庭提供收入来源；为贫困妇女发
起织布项目，生产手工编织布并在当地市场销售。

　　而该组织的营运费用显著低于慈善行业标准。

　　该组织拥有一个不错的域名，但其品牌名"国际服务
机构"却造成很大的困惑。许多潜在的捐助者认为这是政
府的一个部门，其实它不是。很多人认为它会得到联邦基
金，但它并没有得到。

　　董事会采纳了我们的建议将其更名为"全球影响力"，
这个名字更准确地描述了该组织的使命和工作。毕竟，它
的每一个新项目确实有全球性的影响。

当心差名字

　　有一个名叫科幻（SciFi）的电视频道打算重新定位为
有线电视节目，而不仅仅是科幻节目。好吧，这个想法很
正常。但它的解决之道是：改名为 Syfy 频道。

　　看到这个名字的观众，没人知道它到底是什么类型的
频道。（当然，它听起来和之前的名字完全一样。）

　　随后，该公司举行了大型的 2009 年纽约发布会。总裁

大卫当众宣布："新的 Syfy 品牌承载了我们新的愿景。"

这样做不会带来丝毫改变。

取个好名字的确不是件容易的事情。

看看下面这些糟糕的名字，它们需要马上重新定位。

- "洛丽塔"床。英国伍尔沃斯商店专为 6 岁女孩设计的儿童床，取名洛丽塔。显然没几个父母为它买单，很快它就停止了销售。
- "因酷百姿"（Incubus）运动鞋。锐步推出一款专为女士打造的名叫因酷百姿的跑鞋，很快便发疯似的将其撤出市场。新闻报道及时发现该词有一个令人不快的含义："Incubus，传说中与熟睡女子交合的妖魔。"此后，该品牌便销声匿迹了。

当你发现自己背负着一个愚蠢的、破坏性的名字时，要马上换掉。1985 年，高露洁收购了 Darkie⊖牙膏，这是一个创始于 20 世

⊖ 对黑人的蔑称。——译者注

纪 20 年代的品牌，其标识为一张黑人面孔。显然，20 年代流行的东西，在 80 年代不管用了。Darlie，仅仅更改了一个字母，高露洁便快速将其重新定位。其标识图案也改为一个头戴高帽、身穿礼服、不明种族的男子。多么精明的重新定位。

如何革新

在市场竞争中重新定位产品，你要做一个关键决策：如何确定品牌？

换言之，是继续沿用目前的品牌，还是用一个子品牌，或是启动一个新品牌？

你已经读过必能宝的案例了，它需要一个新品牌；你将会读到莲花发展公司的案例，它继续沿用莲花品牌；你也会读到蔻驰皮具和其他公司发布子品牌的案例。你知道硅图公司沿用原来品牌但是选错了发展方向；你还看过产品线延伸案例，但这通常不可取。

有时候你的决定是基于你试图进入的市场情况做出的。接下来你会看到，如果你打算进入低端市场，你最好创建一个子品牌，以免影响你目前品牌的认知价值。如果你要向高端市场进攻，情况就有点复杂。凯迪拉克售价 5 万美元的阿兰特，没有成功，就是因为这个子品牌支撑不了其高昂的价格。在这种情况下，通用汽车需要一个新的品牌和大量的资金来传播品牌。

革新分销渠道也可能困难重重。速银是一个冲浪和滑板服装的热门品牌，它通过小型冲浪零售商进行分销。当然，它也可以通过发展大零售商在短时间销售更多的产品。但这是一个面向青少年的潮品牌，正如该公司创始人所说："大是酷的敌人。"

所以当你阅读以下部分时，请记住这些案例。如果你还无法决定，那就打电话给我们。

瞄准低端市场

有时候，在食物链的另一端，那些往往被大多数企业忽视的客户，有可能是你在重新定位你的公司或者建立新品牌时的最佳客户。

- 例如，支票兑现机构是社会上闷声发大财的金融机构之一。此类机构在银行无法触及的内陆城市有专门的办公室，专门给那些没有银行账户的人兑现支票，并从中扣除一部分作为手续费。在金融服务低端市场，支票兑现机构不断拓展自己的业务，包括电子账单支付、贷款和许多其他有利可图的附加服务。

- 零售商也已开始涉足低端金融市场。亚马达集团是巴西一个非传统的连锁商店和超市，它为巴西入不敷出的穷人办理一种叫亚马达卡的信用卡。亚马达卡只能在亚马达商店使用，这种卡在渔民、椰子商贩、金矿工人和街头商贩中非常受欢迎，也非常有市场。亚马达的这桩生意还不错，其违约率低于正常值，而利润率高于正常值。该连锁商店的执行经理称，亚马达的穷人客户非常感激为他们办理信用卡，所以还款也很及时。

瞄准高端市场

爱尔兰的 C&C 集团将 Magners Original 苹果酒成功地在英国市场重新定位为高端饮品。

"现在苹果酒是一种很酷的饮品，但之前并不是这样，"C&C 的 CEO 告诉《时代》杂志，"大家之前认为它

是公园长椅上的流浪汉喝的东西。"⊖

　　苹果酒一般装在大塑料瓶里打折出售，给人一种廉价的认知。为了应对 20 世纪 90 年代停滞不前的销售，C&C 集团决定对苹果酒的低端形象进行重新定位，其关键举措包括：

- 将酒精含量降低到 4.5%（与大多数啤酒一样）
- 加重苹果味
- 停止在酒吧和小酒馆销售桶装苹果酒
- 放弃大的塑料瓶包装，使用精美的小瓶包装
- 提高售价
- 最重要的是，宣传其新配方，称其为加冰饮品（而传统苹果酒是在常温下饮用的）

　　把苹果酒装在小瓶里是一个聪明的举措，不仅是因为 C&C 可以提高售价，而且消费

⊖ Thomas Grose, "How Do You like Them Apples?" *Time*, May 17, 2007.

者可以将 Magners 这个品牌握在手里。（打造散装产品品牌要困难得多。）

苹果酒加冰的想法源自爱尔兰传统。它基于一个简单的事实，许多爱尔兰酒吧没有大冰箱，所以消费者很自然会加冰饮用。

新瓶子上的传播信息建议酒吧老板和消费者加冰饮用。不到一年，Magners 的销量增长了 260%。

革新分销渠道

正如之前所说，这个可能困难重重，但只要你不打乱目前的分销渠道或破坏你的品牌形象，你都可以尝试开发新的销售渠道。以下是一些例子。

- 2009 年，一家私募股权基金收购了破产的利纳斯公司，并将其转型为专注线上交易的互联网公司。它仍然生产 20 万件家庭用品，但它的日常运营开支相对于像 Bed Bath & Beyond 这样的实体公司要低得多。
- 在实行专业店销售之前，Nuprin 不过是布洛芬的一个跟风品牌，直到卖给 CVS 连锁药店。目前，该药店是 Nuprin 的独家经销商。
- 几十年来，特百惠只在家庭聚会上推销，但是现在越来越多的家庭，夫妇两人都在外工作，特百惠不得不寻求其他分销渠道。它的储物箱目前在塔吉特超市也上架了。

- 同样，雅芳化妆品也出现在百货商店里。
- 甚至连德高望重的弗莱德·罗杰斯，儿童电视节目"罗杰斯先生邻居"的创办者，也找到了新的分销渠道。他在 PBS 网站发布了一个互动节目，并在自己的网站推出了一系列的儿童故事。嘿，互联网世界真是风光无两啊！

重点是什么？无论你销售什么产品，总能找到分销的渠道。直邮、线上、商场店铺、机场店铺、送货上门等，只要你能想到的都可以尝试。

以融合求革新

多年来，我们一直抨击产品在改进过程中进行"融合"。

创造多功能产品就要有所牺牲。设计功能多的产品会迫使你的设计师放弃有可能很优秀的单功能设计，以给额外的功能让路。

一辆好车能同时是一艘好船吗？当然不能。如果你想要一辆快车，买法拉利吧。想要一艘快船？烟艇是不错的选择。

一条好的方程式赛车轮胎能同时是好的乘用车轮胎吗？当然不能。（赛车轮胎没有花纹。）

人们想要的是最好的产品，而不是功能多且杂的产品。

生产商总是不想放弃重要的功能，指望可以满足不同客户的不同需求。你可以保证生产，但保证不了人们会购买。

如果你的产品的特点就是功能繁多，但每个功能都很一般，相对于只有一个功能但是非常好的产品，你就没有什么差异化特性。

新发明中的融合

功能融合或创造多功能产品唯一行得通的方式是新发明。想想手机的演进，多亏苹果、黑莓和其他类似手机，手机已经演进到不只是可以打电话了。你可以用它来上网、玩游戏、定位、拍照，可以使用许多其他应用。手机已不是当初的手机了，它已经演化为多功能便携式计算机了。这就是为什么人们盯着手机的时间远超过说话的时间，你手里的设备已经成为可以用来通话、听音乐还可以用来阅读的移动终端了。

我们正在快速进入一个低头的时代，人们不再抬头看路，不再同身边的人交谈，我们将进入一个人人盯着掌中小屏幕的无礼的世界。尤其是下一代的孩子，这种情况将更普遍。

成功与失败

成功与失败的革新必定各有其原因。在《加利福尼亚管理评论》上的一篇文章引述了麦肯锡公司主管理查德·福斯特简要列举的失败原因：

> 1955年电子管行业的十家领先企业，到1975年只剩两家存活下来。在这些历史案例中，总的来说有三种错误。第一，不对新技术进行投资；第二，投资新技术，但是选错了方向；第三，文化基因（有问

题）。公司没有能力同时玩转两种游戏，即一方面
有效地防止技术很快过时，另一方面有效地投资新
技术。⊖

福斯特指出，像英特尔和摩托罗拉这样的公司不会受
内部冲突和保守心态的影响，随着公司的不断成长，它们
有能力对自己重新定位。其他的，像美国广播唱片公司，
则不能应付新技术的变局，此类公司被自己辉煌的过去所
羁绊。

而日本精工株式会社手表业务则同美国广播唱片公司
正好相反。

20 世纪 60 年代，日本精工株式会社是日本主要手表
制造商，但在全球手表市场，却只是个小厂商。精工的高
层管理团队做了一个大胆的尝试，公司立志成为手表行业
的全球领导者，并尝试可替代的振动技术（石英、机械和
音叉振动技术），这把精工从一家机械手表制造商转变成为
一家石英和机械手表制造商。

此举引发了低成本、高品质的手表制造革新，从而引
起了精工向大规模生产模式的转变，进而推动了全球手表

⊖ M. L. Tushman and C. A. O'Reilly III, "Ambidextrous Organizations: Managing Evolutionary and Revolutionary Change," *California Management Review* 38, no. 4 (1996), pp. 8-30.

业的变革。尽管瑞士人发明了石英和音叉振动技术，但他们一直选择投资机械振动技术，最终石英振动技术赢得了振动技术之战，成为行业标准。随着日本精工等企业的繁荣发展，瑞士钟表业遭受了沉重打击。

内部思维问题

在一段时间保持不断增长的企业会被看作成功企业。伴随着成功，一个"我们最了解市场"的文化常常会盛行开来。为什么不呢？毕竟，事实似乎表明，这些管理者和员工确实最了解市场。

随着时间的推移，骄傲会导致过度自信和傲慢。当人们认为自己知道答案，而其他人不知道时，他们往往不太关注其他人，尤其是局外人，因为这似乎是在浪费时间。

这会带来什么不利后果？一个骄傲自大的组织不可避免地会错失新机会，忽视竞争对手的威胁，并误判不断变化的客户需求。当你看不到机会或危险时，你的紧迫感就会减弱。随着紧迫感的减弱，你甚至不太倾向于向外部看以寻找新的机会和发现问题，自满开始膨胀。

成功创造了规模、市场和文化，反过来也会形成内部导向和骄傲自大的氛围，使企业缺乏对外部的了解和纠正问题的紧迫感。

要想成功地重新定位，必须有外部思维，记住：市场在外部。

REPOSITIONING

第 5 章

企业越大，越难改变

"大"是"改变"的敌人。

在这个变幻莫测的时代，随着公司规模的扩大，随之而来的僵化、自负、既得利益者和其他问题就会损害公司的利益。看看我们周围大型公司的残骸，像 AIG、通用汽车、美林证券、花旗银行等。重新定位需要一定程度的灵活性，而越大的公司灵活性越差。如果你打算扩大公司规模，请参考联合科技的做法。它汇集了一批高度专业化的、独立的自营品牌，如奥的斯电梯、开利空调、西科斯基直升机、普惠飞机发动机和诺顿电子。如果需要，每个子公司都可以重新定位，而不对其他子公司产生影响。你认为很多人知道联合科技拥有奥的斯电梯吗？这有关系吗？在这个快速变化的世界里，每一个品牌都保留了应对任何事情的灵活性。

当你开始学习如何扩大规模时，你会遇到大量严重质疑是否越大就越好的研究和分析。在你学习完之后，我们很想知道这些陷入并购狂热的 CEO 们现在究竟有什么想法。

让我们从理论开始讨论。

大组织情结

对于工业巨头能大幅提升经济效率的企业文化迷思，两位经济学家撰写了长达 400 页的分析来反驳。在 1986 年出版的一本名为《大组织情结》的书中，沃尔特·亚当斯和詹姆斯·布罗克认为企业的庞大规模才是美国经济衰退的根源。

事后证明他们错误地预计了"经济衰退"。恰恰相反，我们进入了一个惊人的经济扩张期。他们还忽略了以下事实：这些大企业会自行瓦解，所以政府也不需要制定任何政策来防止大企业盲目做大。

他们也没有料到高科技领域的小企业会爆炸性成长，推动美国经济增长。这只能证明人类不能预测未来，但他们在企业"做大"这个问题上，还是非常有见地的。

"大"不会更高效

经过大量的研究和观察，两位作者认为大组织的"大"很少起到促进作用，更常见的是破坏生产效率。

他们的主要研究结果是：

1）相对于全国市场，工厂最佳规模往往相对很小。

2）比最佳规模小得多的工厂，生产效率反而高得惊人。

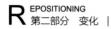
3）在规模经济上的小牺牲，会导致很大程度的去中心化。

难怪大企业要用更小的新型工厂取代大型的综合生产基地，大企业也逐渐发现员工无法解决由规模和复杂性所带来的各种问题。

规模大，利润少

加州大学安德森管理学院教授理查德·罗曼尔特对"大"企业有一些有趣的见解。以下是《麦肯锡季刊》采访摘录：

> 《麦肯锡季刊》：换个话题，理查德，可以和我们聊聊你对多元化和专注的研究吗？
>
> 理查德·罗曼尔特：好的。我一开始对企业战略的研究表明，有些多元化但相对专一的企业往往比高度多元化的企业业绩好，而这一发现几十年来基本不变。金融理论认为企业可以通过多元化来降低风

险，但在商业世界中，多元化不是规避风险而是
维持高速增长的战略。风险最高的企业——初创
和起步阶段的企业——通常会非常专一。只有当
增长停滞，并且原有的业务扩展机会大大减少时，
企业才会开始考虑多元化。突然之间，企业的现
金流很多，这让它们不知所措。

《麦肯锡季刊》：为什么高度多元化的企业赚
得更少呢？

理查德·罗曼尔特：其实一个组织越复杂，
就越有可能在组织的非核心部门，有时甚至在核
心部门，滋生出大量无效率、无收益的业务，这
些业务靠效益好的兄弟单位补贴，有意思的是它
们会长期存在，原因是总有人对关闭这些业务割
舍不下。通常，我们会发现这些业务都是高层的
小项目，而砍掉它们会极大地打击高层的自尊心。
在企业内部纠结于这些无收益业务对于员工的职
业生涯毫无用处，更简单流行的选择是为企业发
展多做贡献，而非给其他人添乱。

大企业不会自我颠覆

当一家企业成功且富有时，它便不愿改变现状。IBM

不愿从大型计算机转向小型计算机，通用汽车也不愿从大型汽车转向小型汽车。

因此，它们对有可能削弱主营业务的发明常常不以为然。鲜有成功的大企业会说："嘿，这个想法不错，让我们抛开原先的概念吧。"

相反，这些企业会快速指出这些新想法的瑕疵。它们从来没有考虑过这个新事物改进到一定程度的时候，会成为一项颠覆性技术或者改变现有的平衡。

施乐发明了激光打印，但它限制该技术应用在大机器上，以免影响复印机业务，结果惠普激光打印业务大获全胜。柯达发明了数码摄像，但它从未积极地继续研发，以免影响胶卷业务，这就让其他企业的数码摄像业务迅速取得了成功。

市场领导者必须学会用一个更好的概念来自我攻击，如果它们不懂得重新定位自己，自然就会有人攻击它们。

大企业面临组织难题

经济学家总在讨论大企业的组织难题。对笔者来说，对企业规模管理的最佳分析来自英国的人类学家罗宾·邓巴。在 2000 年出版的《引爆点》一书中，作者马尔科姆·格拉德威尔向我们介绍了邓巴，邓巴的工作主要是研究社交能力，或者说我们能够自如地应付多大规模的群体。

邓巴的发现是，在灵长类动物中人类的社交能力最强，因为人类是唯一有足够强大的大脑来处理复杂社交活动的动物。他还发现，150 人似乎是个极限，在这个极限内，人们更容易相互了解，也更知道彼此的关系。

格拉德威尔从邓巴的著作中摘录了以下观点，指出规模过大的企业的核心问题：

> 　　组织的规模越大，你就越有必要实行复杂的组织架构、规章制度和绩效考核，以提升忠诚度和凝聚力。但低于 150 人，邓巴认为，就可能以非正式的方式实现同样的目标："在这个规模下，可以通过个人忠诚度以及人与人的交流来执行命令和管理不守规矩的行为，而在大规模的组织里，这是不可能的。"

个人规划

邓巴没有料想到大企业里的情况。所有高级灵长类动物都有一个被称为反射性个人规划的本能。例如，当员工面对一个决定时，大多数情况下，员工会做出对自己的职业生涯有利的决策而不是维护企业的利益。换句话说，决策会打上个人的印记。

在笔者的商业生涯中，笔者从没看到一个营销人员接到一个新任务，看了看后说："做得相当好了，不用再动了。"相反，所有热血的营销人员都会着手改善。他们只是想打上自己的印记，坐在那里无所事事感觉并不好。当一个企业的办公室人满为患时，你要做好战略流程等被反复修改的心理准备，人们这么做只是要避免太过无聊。

这也是品牌为什么会陷入困境的原因。你的员工越多，越难管理。

糟糕的改进

没有什么比最近百事北美公司发生的事

情更能说明这个问题。

几年前，马西莫·达莫尔入主百事。不甘于只是利润提升，马西莫决定对百事进行大手术。他启动了更为新潮的营销，这就意味着不仅需要为百事 7 大品牌制作新的广告和宣传标语，而且需要重新设计 1121 种外包装，并且这一切需要在 7 个月内完成。

这直接导致了三个糟糕的结果。首先是设计公司全权负责重新设计纯果乐橙汁的包装，去掉了其中一个最棒的品牌图形元素：插着吸管的橙子，它本来直观地告诉消费者纯果乐是纯果汁。可在这个图案被去掉后，人们以为这是一个自有品牌的橙汁，而非纯果乐。市场反应同当初可口可乐推出新可乐一样，消费者根本不买账。百事被迫重新使用之前的包装设计，损失高达几百万美元。

接着就是百事可乐瓶子的重新设计。新的设计将原本清晰的商标略微旋转了几度，使得百事可乐名字不再清晰可辨。而一般消费者几乎没有注意到有何不同，但这却花费了百事数百万美元的设计费和包装成本。

最后，这些人搞砸了曾经热卖的佳得乐品牌。他们用一个大字母 "G" 代替品牌名字 "佳得乐"，并缩小了其闪电符号。这些改变使消费者感到困惑，直接导致佳得乐在运动饮料市场的占有率减少了 4.5%。没有人会要

一瓶"G"。

这三个中有任何一项有助于改善百事的长期业务吗？似乎没有。这个一手包办的设计公司还会得到百事的业务吗？估计不会了。

我们只能说个人规划是大企业的一个棘手问题，并导致事情难以管理。

为什么事情会变得更糟

研究表明，大部分的企业并购远非预想的那么成功。两个大企业花费大量的时间进行业务整合，却很少能看到新的概念或者创新诞生，不能延续它们品牌的传奇。美孚和埃克森合并后会怎样做呢？据笔者推测，应该是一群财务专家和管理专家在计算如何削减成本、增加市场份额和推动股价上涨。

巨大资源和大品牌很少能保证创新，更常见的是，传统思维和官僚主义阻挠了重新定位。

问题层出不穷

大型合并所带来的其他问题是员工人数、产品、股东、客户两三倍的增加，管理变得异常困难。很快，有关标识、裁减主管人员、关闭办公室、抛售业务之类的各种会议无休止地召开，并且还要考虑如何正确地向客户和员工传达信息。

接下来的问题是，安抚核心骨干留下。大家都无心工作，每个人都想知道谁会升职，谁要降职，谁又会被解雇。

谣言四起，大家都开始寻找新工作，到手的业务就此葬送。

但最大的挑战是所谓的文化冲击，或者说如何将两个极其复杂又不志同道合的大企业合二为一。文化是我们的做事方式，包括决策参与、绩效奖励、风险承受能力和质量成本导向等。所有这些都需要耗费庞大的开支进行深入交流和整合研讨，团队建设和融合性训练开始盛行，改革方面的管理咨询师队伍陆续进驻。

这就是典型的美国式企业并购。一旦你进行的是戴姆勒－克莱斯勒那样的全球并购，几乎所有的新东西都被抛弃。德国汽车制造商有可能与底特律汽车制造商整合吗？

不大可能。你知道梅赛德斯的工程师是如何看待克莱斯勒的工程师吗？看不上。管理咨询师可能改变不了他们的态度，所以合并在短时间内告吹就不足为奇了。

停滞点

如果以上案例和分析不足以向"做大"泼冷水，那么再举一个例子。我们曾发现一家位于华盛顿的名叫企业战略委员会的组织，该组织联合所有企业（包括惠普），对企业增长极限理论做了研究。它在过去的40年间研究了企业的"增长停滞"现象，得出的结论是，"大"确实使增长变得困难。

数据可以说明问题。一个年销售额4000万美元的企业只需增长800万美元便能实现20%的增长，而年销售额40亿美元的企业则需要增长8亿美元才能实现相同的增长率。很少有市场有这么大的增长空间，这就意味着越大、越成功的企业越难实现高增长。

有趣的是，83%的企业增长停滞的基本原因是可控的。要么是战略因素，要么是组

织因素，导致企业增长乏力。换句话说，大企业很容易陷
入管理陷阱，企业越大，越难管理。

（看一下下面的案例。）

由大转衰

没有比 AIG 更悲哀的故事了。

在大崩盘之前，它是一家控股公司，旗下各子公司从
事保险及相关业务，包括财产保险、伤亡保险、人身保险、
金融服务、退休储蓄产品、资产管理和飞机租赁等。它曾
是世界上最大的保险公司，无法管理。

难怪在伦敦，AIG 一个仅有 300 人的分部陷入投保恶
意信用违约的交易，就将公司推向了悬崖。这是一个本可
以避免的悲剧。

许多年前，我们为 AIG 的"兴趣"收购——收购佛特
蒙特的斯托滑雪场（CEO 汉克·格林伯格是一个超级滑雪
爱好者），提供了战略咨询服务。很明显的是，AIG 需清晰
地重新定位自己不仅仅是一家大型综合和人身保险公司，
我们提出的想法简单有力，做美国版的伦敦劳合社。

AIG 的这类保险业务有很强的全球影响力。多亏了汉
克，AIG 的管理运营远比劳合社好。但是 AIG 没有听取我

们的战略建议，AIG 想进入金融服务和其他
领域。它什么都想做，其结果，想必大家都
看到了。

这个案例讲的是企业涉足了其本不应涉
足的业务。企业就应做好其擅长领域的事，
不要刻意追求改变。更多的内容将在下章中
详述。

猛然醒悟的 CEO

以一个成功的大公司变革案例来结束这
一章比较合适，我们仍用刚才严厉批评的百
事来做案例分析。

在 20 世纪 60 年代末 70 年代初，百事出
售一系列的产品，以此来降低所得税。有人
建议百事把公司巨额现金流的一部分拿来投
资租赁公司，因为租赁资产所产生的折旧将
会为公司带来所得税抵扣，百事采纳了。大
公司很容易相信这种说法。

百事买下几家租赁公司，包括马萨诸塞
州沃尔瑟姆钱氏租赁公司。钱氏专门从事电

脑设备租赁，但它进一步拓展了其他资产租赁业务。因为公司总裁喜欢飞机，于是公司便创建了飞机租赁部门。有百事雄厚的资金和银行信贷额度撑腰，公司从小型飞机开始租赁，到商务飞机，再到大型喷气式客机，一步步拓展业务。

百事 CEO 唐·肯德尔来公司进行年度视察。笔者通过内部消息得知，开始时他一直昏昏欲睡，直到报告提到公司拥有的飞机数量和银行贷款金额时，他才猛地睁大眼睛。

肯德尔先生发现飞机资产在未来几年将会逼近软饮料资产时，被惊得目瞪口呆。最糟糕的是，一旦租赁业务变得不顺利，百事就要为大笔的债务买单（听起来很像AIG），这个债务规模有可能摧毁整个公司。

就在那一刻，他决定改变公司战略，剥离飞机租赁业务，回到主业软饮料和零食上来。

做得好，肯德尔先生。

REPOSITIONING

第 6 章

何时不该演进

每家公司都应当不断增长吗?

答案是否定的。你会发现为了增长而增长可能是个陷阱,为了追赶他人而演进很可能是个错误。(想想小时候你对妈妈讲"但是其他人都这样做"时,妈妈是如何告诉你的。)努力成为最新或新一代事物可能会使你失去目前的业务。

最糟糕的事情是,这会模糊你的定位,会给那些专家型竞争对手留下可乘之机。

来看看白色城堡,该品牌从20世纪20年代以来基本没什么变化。随着汉堡业务迅速扩大,其他品牌连锁店争先恐后地推出了烤鸡、烤土豆和酸奶雪糕。

白色城堡从没改变它的风格,菜单还是以汉堡和炸鸡为主,只是增加了少量的品种。结果就是,它的单店销售量全美第二,仅次于麦当劳。秘诀是什么?它是一家非上市公司,不必理会只会添乱、一无是处的华尔街。

增长的陷阱

那些来自华尔街的友好人士经常营造一种环境，导致一些糟糕甚至是不可挽回的事情发生。从某种角度看，他们为"问题"搭建了温室，目的是促进"增长"，不过这个增长不是为了应对变化，而是为了提升股价。

著名经济学家米尔顿·弗里德曼完美地阐释了这一点："我们并没有强烈增长的需求，我们只是有强烈增长的欲望。"

这种对增长的欲望是许多公司可能会犯错的核心原因。增长只是正确做事的副产品，但它本身不是一个有价值的目标。事实上，增长是不可能实现目标的罪魁祸首。

CEO 们追求增长，以保住他们的帽子和增加收入。华尔街经纪人追求增长，为的是维护他们的声誉，并带来更多的薪水。

但这一切是必要的吗？不见得。当人们为了增长而做破坏的事情时，可以说就是在对品牌进行犯罪。这也告诉我们罪恶的根源是对增长的贪婪。

我们被一家大型多品牌药品公司邀请做商业计划评估，其品牌经理轮流就次年的计划发言。其间，一位年轻的主管警告说，他主管的品类里出现了一个新的强有力的竞争

对手，它将颠覆现有的市场格局，但他谈到
销售计划时，预计销售会增长 15%。我们随
即问他，鉴于新出现的竞争对手，如何实现
这种增长？

他的回答是，他将采取一些短期促销措
施并进行产品线延伸。我们又问，从长期来
看，这难道不会损害品牌吗？嗯，是的。那
为什么还要这样做呢？因为这是老板要求的。
那笔者就不得不和他的老板谈谈了。

一个星期后，他的老板承认了这个问题，
但是老板的老板需要增长，你猜猜是为什
么？就是因为华尔街的压力。

15% 的幻象

《财富》杂志的著名编辑卡罗尔·卢米斯，
关于这个话题写了一篇具有里程碑意义的文
章，质疑"常常会导致无法完成目标、股价暴
跌和财务造假的对收入增长的草率预期"，文
章问道："为什么 CEO 们仍然乐此不疲呢？"

卡罗尔在文章中列出了所谓的"CEO 管
理常态"：

在所有预测的目标中，最常见的大公司增长率往往是 15%，相当于一支全明星团队的效率。有了 15% 的增长率，公司收入基本上 5 年翻一番。公司的股票也会成为明星股，CEO 也将受到明星式嘉奖。⊖

你无须绝顶聪明就能想明白其中的缘由，这会成功吸引华尔街的注意，就像华尔街和管理层一边跳舞一边相互耳语情话。管理层希望华尔街分析师能注意到公司，并推荐其股票。华尔街则希望找到一个赢家让分析师脸上有光，并吸引更多的资金。

但这一切都不现实，这都是幻象。

真实数据

正如卡罗尔·卢米斯在她的文章中指出的，大量的研究表明，很少有公司能达到每年 15% 或者更高的增长率。在过去 40 年，《财富》杂志分析了 150 家公司在三个时间段（1960 ～ 1980 年，1970 ～ 1990 年和 1989 ～ 1999 年）的表现。

在每个时间段内，只有三四家公司的收入能达到或超

⊖ Carol J. Loomis, Reporter Assoc., *Fortune*, February 5, 2001.

过 15% 的增长率，大约 20 ～ 30 家公司在
10% ～ 15% 的区间徘徊，40 ～ 60 家公司的
增长率维持在 5% ～ 10%，20 ～ 30 家的增
长率仅有 0 ～ 5%，另外 20 ～ 30 家公司的
增长率为负数。没错，看到了吧，头部赢家
和尾部输家的数量一样多。

总体而言，在这 40 年期间，它们的税后
利润增长率刚刚超过 8%。这意味着，任何
增长率在 15% 的公司，其增长率几乎是大多
数普通公司平均增长率的两倍。

清楚了这一事实，再来看那些为了维持
高增长率而做出一些糟糕事情的公司，也就
不足为奇了。

有隐患的股票期权

华尔街经常以股票期权的形式不知不觉
地影响企业。当管理者甚至中层员工将注意
力放在股票期权上时，他们就开始关注下一
个季度的财报。他们希望手中的期权不贬值，
因此他们往往只顾短期利益而不考虑对企业

长期发展有益的决策，因为这类决策会使每股收益下降几美分。他们从报道中得知，如果你的收益差几美分未达到预期，华尔街将会使你的股价暴跌 20%，这会让期权缩水，员工个个不开心。

笔者的一个经营比萨生意的客户给笔者讲了一个短期利益影响长期利益的例子。他的一个员工偶然发现一个新的制粉系统，该系统可以极大地加快面团制作过程，但主管人员却在犹豫要不要尽快采购老板认为有必要的设备。拖延的原因是采购会影响当季的财报，他补充道："我的员工不再重视质量改进，而是关注华尔街了。"

不用说，他正在试图摆脱将期权作为员工激励的做法。

自尊问题

CEO 面临的另外一个问题是，一旦他们未能完成那些大胆却不切实际的指标，受打击的不只是公司的股票，还有 CEO 个人的自尊。在各种财经新闻的报道下，华尔街的股票贬值会置 CEO 于负面宣传的聚光灯下。忽然之间，人人都在谈论 CEO 的故事，分析他为何没有完成指标。

前一天，卡莉·菲奥莉娜还是惠普的英雄，第二天人们就开始议论她野心太大，以及她如何失去华尔街的信任。如果 CEO 脸皮厚，这不打紧。但是猜猜谁在读这些文章？

董事会和员工。这样的公开攻击会侵蚀 CEO 的信誉，并且难以摆脱。CEO 会变得小心谨慎，这并非好事（我们知道菲奥莉娜的结局）。想想如果战争还在进行中，开始出现一个将领的负面新闻，他会是怎样的感受，这肯定无益于激发他的大无畏精神。相反，这对敌人却十分有利。

关于华尔街，不再赘言。

"最新"的陷阱

更好的演进战略之一是开发该品类最新或新一代产品。

iPod 数字音乐播放器击败随身听，令索尼尴尬无比，iPod 才是真正的新一代随身听。

但最新的并不是万能的。无论如何你都要避免新一代产品的陷阱，否则会真的惹上麻烦。以下是需要避免的几种情况。

● 不要解决一个不存在的问题。你的新一代产品必须解决一个真正的问题，而不是一个不重要的问题。陶氏化学推出道氏热载

体209——一种新型防冻冷却液，并宣称"如果泄漏到
曲轴箱里也不碍事"。(顺便说一下，它的售价为上一代
冷却液的两倍。)问题是传统冷却液几乎从未泄漏到发
动机里，为什么要花两倍的价钱来解决一个不存在的问
题？大多数人是不会买单的。

- 不要打破传统。有些问题，人们不愿解决，人们喜欢传
  统的方式，没有什么比在棒球场吃带壳花生更传统的了。
  不过，有一点不好的就是，脚下到处是花生壳。为了避
  免这一情况，哈里·史蒂文斯推出用透明袋包装的剥壳
  花生。人们不买账，销售下滑，抱怨上升，于是该公司
  不得不继续销售带壳花生。

- 新产品必须更好。如果新产品没有改进，为什么要更换
  呢？美国造币厂推出印有苏珊·安东尼肖像的1美元硬
  币代替1美元纸币。对造币厂来说，这是一项大改进，
  因为它每年能节省5000万美元的加工成本。但对公众
  来说，没有什么具体的好处。它看起来就像25美分硬
  币，很多人嫌它丑。再见，苏珊。

谨防丧失焦点

让消费者对你的品牌有清晰的认知，的确是一件不容

易的事情，因为你自己常常都会搞不清自己
是谁。让我们继续讨论第 1 章提及的话题。

过去，消费者能清楚地辨别大多数大品
牌。人的记忆就像一台照相机，能清楚地记
住他们喜爱的品牌。

安海斯－布希公司骄傲地宣称："这是你
的百威啤酒！"消费者知道他喝的是什么。

米勒啤酒或普通的老库尔斯啤酒同样
如此。

但在过去的十年间，市场上到处充斥着
普通啤酒、淡啤、生啤、扎啤、冷啤、干啤
和冰啤等各式各样的百威啤酒。

现在再听到"这是你的百威啤酒！"，只
会引起质疑："你指的是哪种啤酒呢？"

心智中曾经清晰的品牌认知已经非常模
糊，难怪啤酒之王的粉丝开始逐渐流失。

视角问题

观点的不同，从本质上来说是视角的不
同。企业从经济角度来审视它们的品牌。为
了获取成本优势和带来销量，它们会选择将

专家型品牌，即代表某个产品或某个品类的品牌，演进为非专家型品牌，即代表两三个甚至更多产品或品类的品牌。

我们从心智的角度来分析产品线的品牌延伸问题。某一品牌的产品线越长，越容易造成心智认知模糊。慢慢地，像雪佛兰一样，品牌变得毫无特点。

Scott 是卫生纸的领导品牌，它将其品牌扩展出 Scotties、Scottkins 和 Scott Towels。很快，购物测试清单上的"Scott"就不知所云了。（在你写下"Scott"后，你不知它到底是什么。）

赢家：高度聚焦的专家型品牌

如果没有威普尔和 Charmin 卫生纸的出现，Scott 的日子估计还会好过点。（越不专注，品牌越脆弱。）没过多久，Charmin 就取代 Scott 成为卫生纸第一品牌。

商业的历史似乎印证了我们的观点。

多年来，宝洁公司的科瑞品牌在酥油领域保持领导地位。当全世界开始消费植物油时，宝洁公司就顺势推出了科瑞植物油。

那么谁才是玉米植物油的大赢家呢？没错，是马佐拉。

后来又开始流行不含胆固醇的玉米人造黄油。于是，马佐拉牌玉米人造黄油很快又面市了。

那么谁又是玉米人造黄油的赢家呢？对，是 Fleischmann's。

在任何情况下，最终赢家几乎都是专家型品牌，或者高度聚焦的竞争品牌。

专家型品牌的武器

专家型品牌会给心智留下深刻印象，有以下几个原因。

首先，专家型品牌通常聚焦在一种产品、一个利益点和一项信息上。这种聚焦会使得营销人员在传播时可以突出推广其某一特性，使其很快进入消费者心智。例如，达美乐比萨专注于外卖配送，必胜客则不得不强调它同时有外卖配送和店内服务。

金霸王专注于耐用的碱性电池，而永备电池则同时宣传自己可作为手电筒电池，也是碱性电池，且耐用和可充电。（后来永备变聪明了，只宣传其劲量电池，非常好的战略。）

嘉实多专注于高性能小型发动机的润滑油，壳牌和桂冠达则提供所有类型发动机的润滑油。

其次，专家型品牌被视为专业的和最好的。费城奶油干酪是最好的（可以说是最早的），泰特利斯高尔夫球则是最好的。

最后，专家型品牌会成为该品类的代名词。比如，施乐成为打印机的代名词（"请帮我用施乐打印一下"）。

联邦快递成为隔夜送达的代名词（"我会联邦快递给你"）。

3M 的 Scotch 胶带成为透明胶带的代名词（"我会用 Scotch 把它缠起来"）。

尽管律师们不喜欢，但品牌成为一个品类代名词是商业战争的终极武器。只有专家型品牌才能做到，通用型品牌不行。

没人会说："来杯通用电气啤酒！"

有些企业通过模仿别人进行变革，这种做法有问题。

"人人都在做"的陷阱

赫斯特杂志是一家未上市公司。当它的竞争者做得一团糟的时候，它却干得很好，赫斯特成功的秘诀是跟全行业对着干。

2008 年，它新出版的《美食网络》杂志有 30 万册付费发行量。到 2009 年年底，发行量将超过 110 万册。

《纽约时报》曾报道，赫斯特杂志作为赫斯特集团的一家子公司，从成本控制到网站建设，再到订阅价格的提高和版面的扩大，一再打破常规。作为一家私营公司，赫斯特无须披露财报，但种种迹象表明其打破行业常规的做法非常有效。

虽然该公司各杂志做法不同，但都在网站上刊登少量纸质内容，以此来吸引读者订阅纸质杂志。2008 年，超过 25% 的读者通过网站完成订阅，2009 年这一数字将达到 1/3。

虽然该战略挑战了传统认知，但赫斯特杂志总裁卡西·布莱克女士称这其实非常容易理解。

"我希望有 160 万个女性每个月都去报刊亭买杂志，她们也确实这样做了。"她说，"我可不想把精灵从瓶子里放出来，我对挑战商业模式没有任何兴趣。"

"我赞赏赫斯特是因为当每个人都朝同一个方向走的时候，它却反其道而行之。"密西西比大学新闻学院院长，MrMagazine 网站（该网站采取的是跟随行业发展的战略）编辑萨米尔·胡斯尼说，"但赫斯特的业绩很好，尤其在这个艰难的时期，《美食网络》是 2009 年的行业奇迹。"

你可曾想过为什么像美利肯或戈尔特斯这类非常成功的私营公司很少见诸报端？因为它们无须披露财报，它们所需关心的只有自己的业务，如果业务不错，这就足够了。

这让笔者想起了另一个故事。笔者之前就曾经提及过，但现在仍忍不住要重新提起。这是一个经典的案例，值得反复研读。

渔夫和华尔街分析师

一位美国人在哥斯达黎加的一个沿海乡村码头碰到一位渔夫驾驶小船靠岸，小船上有几条硕大的金枪鱼。

美国人称赞哥斯达黎加渔夫，说他捕的鱼品质很好，并问他花了多长时间捕到这些鱼。

渔夫回答说："一小会儿的工夫。"美国人又问他为什么不多花一点时间捕更多的鱼。渔夫说，这些够家用了。

然后美国人问道："那你剩下的时间都做什么呢？"

渔夫说："我一般早上睡个懒觉，再出海打点儿鱼，然后陪孩子们玩儿，中午要和我的妻子玛丽亚睡个午觉，晚上在村庄里散散步，抿几口小酒，和朋友们弹弹吉他。我的生活充实又忙碌，先生。"

美国人对此嗤之以鼻："我是一位华尔街的分析师，我可以帮你规划一下。你应该花更多的时间捕鱼，用赚来的钱买一艘更大的船，并在网上进行宣传，制订一个可扩展的计划，募集资金多买几艘船。这样，你会拥有一支捕鱼船队。这时候，你不要把鱼卖给中间商，而要直接卖给加工厂。最后，你可以自己开办罐头食品厂。"

"你看，你已经控制了货源、加工和销售等环节。到那时，你可以离开这个小渔村了，搬到首都圣何塞，再到美国洛杉矶，最后到纽约，在那里你可以将业务外包给第三方，让它帮助你拓展企业在垂直市场的份额。"

渔夫问道："但是先生，这要花多长时间？"

美国人说："15 ～ 20 年。"

"然后呢，先生？"

美国人得意地笑着说："这是最精彩的部

分。当时机来临，你就宣布公司上市，把你的公司股票卖给公众，摇身一变成为百万富翁。"

"百万富翁，先生？然后呢？"

美国人继续说："然后你就可以退休，搬到一个沿海小渔村，在那里你可以睡个懒觉，打点儿鱼，陪孩子们玩儿，和你的妻子午睡，晚上在村庄里散步，喝点小酒，和你的朋友弹吉他。"

危机

第三部分

你身处危机之中,你无暇学习,你的注意力会完全受临近死亡的牵制。

——李·艾柯卡

没有什么比危机更能引起人们的关注了。现在我们面临两种危机:宏观危机和微观危机。

宏观危机就是金融危机。这场危机席卷全球,几乎摧毁了大部分汽车业、金融业和零售业企业。在这样的环境中,如何运营?

而微观危机使得 AIG 和通用汽车这样的公司命悬一线。无论你面对何种危机,是时候系紧安全带,握紧方向盘了。

REPOSITIONING

第 7 章

危机改变竞争格局

在许多方面,我们这个时代已经无法再用变化莫测来形容了,我们生活在一个不可思议的时代,这正是乔舒亚·库珀·雷默的《不可思议的时代》一书的书名,每个人都应该读读这本书。它的副标题清晰地展现了营销人员所面临的困惑:"为什么变幻莫测的新世界让我们茫然失措?我们应当如何应对?"

我们需要清楚地知道我们生活在一个充满不确定性或危机的时代,而危机有宏观和微观两种形式。

宏观危机,如金融危机,席卷全球,影响每一个人的生活。而微观危机,如前所述,则威胁到一家公司(如 AIG 或通用汽车)的生存。无论哪种情况,当你睁开双眼,你都会发现你的世界变得更糟了。

长期规划的终结

突然之间,我们面临的事实是,长期规划的概念被束之高阁,它被许多人嘲笑。马尔科姆·福布斯说得很好:"有人说商人基于事实而非虚构进行交易，那他肯定从来没有读过以前的五年规划。"

一个长期的战略规划是没用的，除非你把竞争对手的规划也包含在内。然而，许多 CEO 认为，如果公司要实现目标，复杂的长期规划是至关重要的。

如果让莎士比亚来做 CEO，他估计会杀掉公司的长期规划制定者和律师，而且理由充分。长期规划没有使施乐在办公自动化中占有一席之地，长期规划也没有阻止通用汽车在过去的 30 年间丧失超过 30% 的市场份额。

长期规划从何而来

早在 20 世纪 60 年代初，通用电气成为战略规划的先驱。通用电气组建了一个庞大的专职战略团队制定未来的规划。麦肯锡则从战略业务单元的角度评估其规划，确定每个产品的竞争对手，评估每个产品相对于竞争对手产品的位置。

长期规划的蓬勃发展始于 1963 年。在创始人布鲁斯·亨德森的带领下，波士顿咨询集团（BCG）在许多战略规划中排名第一。波士顿咨询集团率先推出了一系列的概念，包括"经验曲线"和"增长与市场份额矩阵"，让美国公司耳目一新。

今天，关于长期规划的开放式讨论话题，包括"战略意图""空白空间"和"共同进化"等。

如果你已经错过了"共同进化"的概念，我们来解释一下，它关乎"商业生态系统"，说的是在商战中，企业间既要合作又要竞争，为以后的创新营造环境（这听起来像世外桃源）。

这出自一本名为《竞争之死》的书。我们的问题是：如果竞争已死，谁是那些企图带走我们业务的人？

愚蠢的预测

这些理论毫无意义，长期规划的致命缺陷是简单的事实：无法预测未来。历史充满了大胆的没有结果的预测。以下为预测失败的例子。

- "飞机是有趣的，但没有军事价值。"费迪南·福煦，法国军事战略家，1911 年。
- "马不会被淘汰，汽车只是一种新奇的事

物、一种时尚。"密歇根储蓄银行总裁，1903 年建议亨
利·福特的律师不要投资福特汽车公司。

- "一个电动玩具对公司有何用处？"西部联盟总裁威廉奥
顿，拒绝以 10 万美元收购亚历山大·格雷厄姆处境艰难
的电话公司。

- "谁会想听演员说话？"哈利·华纳，华纳兄弟，1927 年。

- "我们不喜欢他们的声音，吉他组合已经过时了。"迪卡
唱片拒绝披头士乐队的声明，1962 年。

- "没有理由相信每个人会在自己的家里放一台电脑。"肯
尼斯·奥尔森，DEC 创始人及总裁，1977 年。

所以，如果你不能预测未来，你会怎么做？你必须保
持灵活，抓住机会。

核能源危机

让我们来看看，以目前的核能行业为例，如何处理美
国市场上的能源宏观危机。

一切始于 20 世纪 60 年代。在德累斯顿，芝加哥附近，
通用电气建立了第一座（沸水堆）核电厂。在当时，这被
认为是第一座新一代发电厂，影响巨大。为了支持这一工

程，通用电气推出了一个名为"公民原子教育"的大型消费者教育计划，它展现了原子能可以实现的所有美好愿景。

但危机自简·方达主演的一部电影而起，该电影上映后 12 天在三里岛发生了核泄漏事件，后来在切尔诺贝利再次发生了核泄漏事件。突然间，美国人开始惧怕核电，许多人甚至有一种错误的感觉，认为核电厂随时可能爆炸。面对人们的恐慌情绪及核电厂高昂的成本，核能行业的市场发展和一切宏伟计划都停滞了，危机全面爆发。

抓住机遇

但那是过去。今天非碳氢化合物的可替代能源成为热点话题，气候变化、阿拉伯的石油等因素突然使核电重回历史的舞台。

现在是时候积极地抓住机会，将核能重新定位为未来的可替代能源了，这应该是一个公司项目还是一个行业计划仍有待确定。在我们看来，这应该是一个行业计划，这样才会有足够的规模和力量去支持它。此外，

除了要说服消费者，还要花很大力气与华盛顿沟通。行业
计划总是很难启动，所以这是第一要务。但现在关键的问
题在于，人们认为这些核电厂仍然是危险的，我们如何消
除人们的恐惧？这需要谨慎地重新定位。

忘记过去

在一个变化迅速的世界里，执迷于过去可能是致命的。
核能行业亦然。为了消除恐惧，这个行业必须摆脱引发恐
惧的核心词：核。在原子和核能诞生之际，没有人设想它
们会摧毁这个行业。

在重新定位时，这个词应该被摒弃，这个行业应该被
重新命名，因为心智永远不会接纳"核"这个词。在讨论
朝鲜和伊朗局势时，新闻界频繁使用这个词，核武器的阴
影仍然存在。

正确的做法是，重新定位能源。换言之，人们可以用
煤炭、石油、天然气、太阳能和风能来发电，为什么不在
这个名单中加上铀呢？铀发电厂听起来不太危险，铀电力
行业听起来好很多。

重新定位的关键往往在于选择正确的词，这是因为，
正如第 1 章所说的，今天的商战是一场认知战，词语是你
的武器。

通用汽车危机

通用汽车危机是所有微观危机之母。

笔者的意思是，有很多文章已经写到通用汽车危机。有人说通用汽车陷入了无望的境地；也有人说，通用汽车有能力及时解决这一危机。但没有人提及这样一个事实：成功或失败的关键并非通用汽车品牌。（没有人走进一家汽车专卖店，要购置通用汽车。）

通用汽车的未来取决于对剩下的品牌重新定位以及每个战略的执行。

从某种意义上而言，这是阿尔弗雷德·斯隆战略的重演，他削减了通用汽车的一些品牌，围绕五个品牌建立了一个庞大的汽车帝国，"每个品牌的车可以适合各种人的各种用途"。但这仅仅是当时的情况，面对当今高度饱和且竞争激烈的汽车市场，有什么好的战略呢？

首先，是什么因素造就了当今最成功的品牌？正如你在本书前面读到的，简言之，是一个核心词。最强大的品牌都可以概括成一个词或一个概念：丰田强调可靠性，宝马强调驾驶性能，奔驰强调乘坐性能，沃尔沃建立了安全至上的认知。通用汽车多个品牌的共性问题是，每个品牌均缺少简单的差异化概念，这是由于每个品牌都试图满足所有人的需求而造成的。雪佛兰是什么？它是大型车、小型车、价格昂贵的车、价格便宜的车、卡车、面包车和跑车。

所以破产后通用汽车的任务就是认真搞清楚剩下的四个品牌应该强调什么概念，应采取怎样的差异化战略。

有趣的是，通用汽车可以优先抢占一些摆在面前的显而易见的概念。让我们从最低端的雪佛兰说起。如果看数据，雪佛兰有机会重新定位为领导者。人们购物时习惯于从众，因此这始终是一个好战略。雪佛兰是什么？它是"美国人最喜欢的本国车"。良好的性价比、多样性和传统可以成为一个好故事。

接下来说别克。第一步应该是停止制造廉价的别克，不要和雪佛兰竞争。别克应当思考如何与试图通过降价来扩大销量的宝马、奔驰等豪华汽车进行竞争。由此展开的重新定位的战略构想是，别克应强调"品质出众，无须为地位掏腰包"。由于人们普遍不愿意为地位破费，这会是一个有力的品牌故事。

再上一个等级的，就是凯迪拉克。它绝不可能成为真正的名贵汽车，高档进口车占据了此类车市场的主导地位。凯迪拉克引以为豪的是"领先技术"，诸如发动机的性能、安全性或电子设备，有些人热衷于购买最新款的东西。

最后还有 GMC。笔者不知道为什么通用汽车要坚持使用这一品牌，但有一个概念可用，特别是使用这一品牌的大型车辆，利用"坚实的可靠性"进行重新定位。这是基于 GMC 原来宣传的"专业级"品牌，今天这样做可利用原来的宣传。当然，通用汽车一定要兑现这一承诺。

这样，四个品牌在艰难的市场上就进行了很好的重新定位。可以说，如果通用汽车能够正确执行，并持续专注于这些概念，就有机会成功。如若不然呢？好吧，通用汽车就真的不知道驶向哪里了。

一些指导原则

是的，一场危机可以改变整个竞争格局，但一些基本原则总是会有所帮助的。

我们已在竞争市场从业多年，目睹了美好的旧时代和艰难的新时代。当人们问发生了什么变化，我们的回答就是一个词：竞争。在第 2 章已介绍过，大家都在模仿别人的产品，危机只会让竞争更加激烈。

面对残酷的市场竞争，生存的关键是企业战略规划要从占据潜在消费者心智出发。重要的不是你想要做什么，重要的是竞争对手让你做什么。在接下来的两部分，我们会介绍寻找重新定位战略的生存技巧。

避其锋芒，乘间取利

当竞争对手在某个特性上声名显赫时，你应该善于利用其他特性。很多时候，竞争对手强势中不可逆转的弱势正是你可以利用的。如果麦当劳的强势是深受孩子们的喜爱，汉堡王就可以利用其弱势而成为成年人的最爱。多年以来，人们认为底特律的汽车不是很可靠。丰田汽车就利用了人们的这一认知，成为"可靠性"汽车的代表。

但请记住，我们谈论的是心智中的强势和弱势。商战是一场认知之战，你真正需要做的是利用认知。

你还必须意识到，你的竞争对手至少有一个正在为想方设法击垮你而召开会议。你必须不断地收集信息，了解你的竞争对手正在制定的战略。这些信息可以来自精明的销售队伍、友好的客户或者市场调研。

永远不要低估你的竞争对手。事实上，如果能够高估竞争对手，你会更安全。美国电话电报公司（AT & T）、DEC、李维斯和佳洁士都佐证了低估竞争对手会带来危害，即便你是市场的领导者。

一旦被攻击，竞争对手会变得更强大

如果有的公司认为它们可以利用竞争对手的粗心大意，并以此制定战略，就会犯下严重的错误。它们嘲笑竞争对手的产品或服务，并且说自己可以做得更好。然后，你瞧，它们的主要竞争对手会突然大大改进，而前者在竞争对手的这种弱点之上建立的竞争优势就会逐渐消失。

排名第二的安飞士的确更努力，但赫兹很快就加倍努力了。后来，赫兹打出了足以摧毁对手的广告，主要内容是这样的：多年来安飞士一直告诉用户它是第二名，现在我来告诉大家为什么。

然后赫兹展示了其所有的改进，安飞士再也无力挑战。

永远不要围绕竞争对手的错误去建立自己的战略，它们在短时间内会纠正这些错误。

REPOSITIONING

第 8 章

价值是关键

在第3章，我们谈及重新定位不是价格竞争。价值同样与价格无关，除非你已经建立了价格优势，如果是这样，你可以永远将其作为差异化的因素。

西南航空用低价实现了差异化。但是它所做的，在CEO赫伯·凯勒赫看来，是使自己"与众不同"。

只使用一种机型为西南航空节省了飞机维修和养护成本；不提供预订座位服务，它可以不用昂贵的预订系统；不提供食物，因此它减少了费用，节省了时间；不用昂贵的枢纽机场和使用较小的便宜机场，因此它没有高额停靠费。

（最近，西南航空开始使用更大的枢纽机场，但它还是相当谨慎。）

通过做到与众不同，西南航空建立了航线平均每英里[⊖]成本最低的系统。付出的代价就是，它的飞机变得有点像普通汽车。为了弥补这一点，西南航空很努力地让旅途充

⊖ 1英里＝1609.34米。

满乐趣（例如空乘人员表演小节目）。

西南航空有低票价航线这本身已经是很明显的差异化。它规模已经足够大，不会因其他大一点的航空公司降价而被逼出市场。许多航空公司试图模仿西南航空，但大多都以失败告终。

沃尔玛的成功

你可以说"天天低价"在大型零售行业的沃尔玛发挥了作用。正如西南航空，沃尔玛已经能够使低价成为一种差异化的购买理由，但你要知道沃尔玛是如何做到这一点的。

首先，沃尔玛一开始在美国人口相对较少的乡村开展业务，在那里它的竞争对手只是一些夫妻店式小型商品零售店。就像德国的战争机器横行于巴尔干半岛，沃尔玛几乎没有遭到抵抗。

其次，随着新店的开张，沃尔玛开始建立其技术基础。随着它的规模不断扩大，沃尔玛具备了"采购优势"。虽然它也入驻有凯马特、塔吉特和开市客的地方，但现在沃尔玛的确有结构性成本优势来实现低价主张。最近沃尔玛重新定位为"省钱"，这是一个进步，因为这使公司摆脱了

比较购物。（秘密：沃尔玛的价格低，但不是
每个商品的价格都是最低的。）

个人电脑王国的反击战

在计算机行业的战争中，前卫的苹果已
成功地将个人电脑定位为"呆板"和"过
时"，这非常有利于 Mac 的销售，即使在经
济萧条时，Mac 的销售情况依然良好。它建
立起"易用性"和"美观"的差异化概念，
但这些概念需要消费者买单。所以在 2009
年，个人电脑开始以低价策略奋起反击。

有一个 20 岁出头的普通美国年轻人在
买电脑时，想要一台 17 英寸⊖屏幕的笔记本
电脑，并且如果她找到了低于 1000 美元的，
她会买下来。跟着她逛商店的时候，我们了
解到她认为 Mac 太贵。她从苹果商店离开
来到百思买，在那里她发现了符合她要求的
699 美元的个人电脑，任务完成。她高兴地

　⊖　1 英寸 = 0.0254 米。

说："我喜欢个人电脑，这正是我想要的。"

在现实生活中，价格底线往往有一点回旋的余地。当然，699 美元的个人电脑击败了 2800 美元的 17 英寸 Mac。但大部分电脑消费者还要为杀毒软件、不同音频和视频的软件花钱。但是那又怎样？加上这些钱最终价格也仍然只是 Mac 的一半。

虽然这不是我们最喜欢的战略，但是价格策略非常有用，尤其是在遭遇经济大萧条时。一台个人电脑可能不是很酷，但它可以为你节省一半的钱。这就是攻击与反击。

嘉信理财之路

嘉信理财，是第一家有折扣的股票经纪公司。正是它的低价策略打破了市场上数十家提供全面服务的经纪公司的封锁，也正是如此，导致很快出现了一大批其他的折扣经纪公司，最近互联网上又出现了更便宜的网上经纪公司。

嘉信理财开始提供更多的服务，向高端转移。虽然该公司仍然提供折扣，但如果你看看它的广告，你会发现嘉信理财看起来越来越像美林证券——一家昂贵的提供全面服务的庞大的经纪公司。它甚至还有一家银行，这让我们有一点费解。

嘉信理财故事的寓意是，你可以利用低价起步，但除非你有一个结构性的成本优势，否则你将无法持续，你必须尽可能地爬上食物链的顶端。嘉信理财实现了这一点，它已经成为受人推崇的金融机构了。

应对低价

市场领导者总是会遭到低价攻击，因为竞争对手常常力图将市场领导者定位为价格高昂的，这看起来像是一条自然法则。你会做些什么？如果你遭到低价攻击，你会跟风降价吗？

我们有一些应对低价的方法，实践证明它们是可靠的。

一，做特别的事情。领导者可以为其最大客户提供一些特别的东西，耐克公司生产一种可调节气垫的跑鞋，每双售价为130美元。这是为 Foot Locker——耐克最大的跑鞋零售商独家生产的。目前为止，一切顺利。Foot Locker 已订购了超过100万双气垫鞋，预计销售额将达到 2 亿美元，这可以和耐克公司销量最好的飞人乔丹鞋相媲美。

二，转移争论点。应对价格战的另一个好策略是提出总成本概念，与初始成本形成对比。对于某些品类，顾客购买产品的后续成本可能是很可观的，如果你的产品性能更好，你可以向顾客强调使用成本的概念，而不是仅仅关注购买成本，使用寿命是这一概念的良好表达。昂贵的产品，比如奔驰汽车，价格很高，但是它的使用寿命远远长于一般的汽车，这是让看到价格标签而震惊的消费者能回过神来的不错的理由。类似的战略还可以用在达克斯娜3000 美元以上的奢侈床的营销上，其概念是：你在床上花的时间比你在昂贵的车里花的时间更多。事实上，大约你人生的 40% 都会在床上度过，所以你何必吝啬呢？

三，创造更多价值。有时候价值是一个总的概念，如果可以在提供的服务或产品中增加点什么，人们便会感到他们的钱花得更值。几年前，美国大陆航空公司来咨询我们，它刚刚从破产中恢复过来，组建了新的管理层，正在准备将自身重新定位为一家新的航空公司。它拥有最新的飞机，改进了商务舱和俱乐部的服务，并且提供食物（最近还一直坚持这样做，即使其他航空公司已停止提供这种服务），同时增加了更多目的地。显而易见的战略是讲述价值故事，我们将其称为"同样的钱，更多的里程"，它使用了这一概念，后来一家新的广告公司进入了（你猜对了），并提出一个口号："努力工作，正确飞行。"原来的价值战略被一个毫无意义的口号替代了。

四，提供高价值服务。如果你从事零售业（一个以消费者为中心的行业），服务可以是一个强大的价值故事。山姆桥苗圃位于美国康涅狄格州的格林威治，是一家花卉公司。自 1930 年开始经营，提供全方位园艺服务。当然，它不是购买植物和园艺材料最便宜的地方，但它肯定是服务最好的。任何一位推着满载植物的货车的老太太都会得到工作人员的帮助，任何问题都能得到最快的解答。有一位顾客问另一位顾客为什么要来山姆桥苗圃，回答是："没有哪个地方比这里更友好了。"

是的，让员工更友好、乐于助人需要投入大量的精力和成本，但是你稍微提高一下价格，就会得到回报，即使是危机时期也能度过。来自山姆桥苗圃网站的一段文字，可以让你们感受到这家公司在提供更好的服务和价值方面做出的努力：

> 这里是山姆桥苗圃，我们为提供卓越的客户服务和有知识丰富的工作人员而感到自豪。从1930年以来，我们一直为客户提供专业建议。这些年来，我们的工作人员参加了许多行业会议、贸易展会和开放参观日活动，以确保为您传递最新和最准确的信息。如果您有任何问题，请随时给我们打电话或来访，我们将乐意为您解答。

大型企业服务

有一些人会说，当公司像山姆桥苗圃这样规模小时，做到友好很容易。这是一个中肯的意见，好，我们再来谈谈大企业。

仓储式电子产品大卖场百思买是最大的电器商店，是该行业的中流砥柱，它的两大竞争对手电路城和CompUSA都已不复存在。原因是，即使在经济繁荣时期，电子零售也是一个度日艰难的行业，微薄的利润率、价格不断下降、产品周期时好时坏，以及来自网络零售商的低价压力一直困扰着这个行业。更加严重的是，沃尔玛和开市客这些连锁大卖场也在吸引购买电子产品的顾客。你看，百思买真的需要重新定位。

据《纽约时报》报道，布莱恩·邓恩，百思买的新任 CEO，计划围绕"连锁服务"对公司进行重新定位。过去百思买在服务方面做得比国内任何一家电子零售商都好，这意味着，百思买将围绕产品维修、上门安装家庭影院或是组装电脑进行差异化。太平洋证券分析师预测，这样的服务可以在下一财政年度获得高额回报，预计将占公司总销售额 470 亿美元的 5%。公司负责技术支持的蓝领员工，被称为"电脑特工"，其规模已经超出个人电脑中心的服务人员。

并不是公司所有的服务都是直接收入的来源。邓恩给出了一个典型的例子，这是一个被称作"出门即用"的服务，它在 2007 年 5 月开始推出。这项服务是免费的，主要内容是给消费者配置新手机的系统，确保当他们离开商店时，他们就能够使用音乐回放和上网等功能了。

我们认为这是一个相当不错的重新定位战略，它类似于山姆桥苗圃的故事。

如果一位消费者问另一位消费者为什么来百思买，回答是"没有别的地方比这里更方便"时，这就意味着，百思买的重新定位圆满完成。

奢华过时，价值流行

对奢侈品来说，这是一段艰难的时期。在消费者认为必须靠减少开支来存钱，或奢华产品不被社会普遍接受时，一个奢侈品牌会怎样做呢？

你会降低价格并借此来告诉消费者你过去要价过高吗？一款王薇薇的婚纱均价曾达到 5500 美元，但在今年（2009 年）却是 3800 美元。王薇薇还推出了一个价位较低的休闲系列，名为薰衣草，针对二十多岁到三十多岁的年轻消费群体。诺德斯特龙越来越少开全价百货店，而诺德斯特龙 Rack 折扣店的发展速度却是原来的三倍。我们还不确定这些子品牌经营状况会怎样，它们对主品牌的影响暂时也很难断定。

全球各地的公司都面临这样进退两难的
境地。其中之一便是蔻驰，一个昂贵女士手
袋制造商，其 300 多美元的包在金融危机中
滞销了，蔻驰高管们正在面临一个让人左右
为难的问题。作为 CEO，雷·弗兰克福特说
道："当人们走进我们的全价商店时，他们
问的第一个问题往往是'什么在打折？'。"
雷·弗兰克福特的回答是："我们从不打折。
一直以来，公司内部总是有人反对重新定位。
但现在，再也没有人反对了。"可是，该如何
做呢？

新品牌

蔻驰决定推出一个新的子品牌，而不是
降低价格。这个子品牌更年轻化，采用新型
材料和新颖设计，它被称作"波碧"系列，
平均售价 260 美元，比蔻驰正牌包的价格低
20%。相比于降低现有品牌的价格，我们更
青睐于新品牌战略。需要提醒的是，你的新
品牌要有自己的名字、款式和细分市场，且
必须能盈利。新品牌也要有一个明显不同于

原品牌的故事，所有这些都需要做大量的准备工作。我们在写这本书时，已有 9 个蔻驰专卖店和 23 个百货公司专柜正在试销"波碧"系列产品。"波碧"系列畅销款是 98 美元的包，一直在销售两三百美元的包的蔻驰会在其中得到满足吗？这一切还言之尚早。但是，它现在有两匹马在赛场上了，而不是不堪重负的一匹马。

昂贵的手表

有时，你不得不坚持高价策略，并重组你的销售技巧。

名贵手表是收藏家的最爱，但在金融危机中却遭受重创。瑞士手表在美国市场经历了最严重的下滑，一年来销售额下降了 40%。

当整个奢侈手表行业销售额都一落千丈时，一家名为 Pôle Luxe 的巴黎奢侈品销售咨询集团的业务却获得了快速发展。据《华尔街日报》报道，这家公司在培训销售人员时，鼓励大家说"价值"而不是"价格"，卖"故事"而不是卖"产品"，并且不要和顾客讨价还价。Pôle Luxe 教导销售人员在顾客要求打折时，提供一份礼物，销售人员的柜子里装满了这类礼物。

Pôle Luxe 的方法可以这样总结："女士，这块手表出自我们最好的工厂，价值 1 万美元。如果您买了，您的子孙可以用几代。"

我们称之为巧妙的重新定位。

聪明的促销

以低价来破坏一个知名品牌是很危险的，因为只有高价才能支撑起一个知名品牌的奢华。正如零售分析家戴维·希克所言："你在销售奢侈品的同时，也在销售奢侈品的排他性。"

虽然没有贴出降价海报或是进行损毁公司声誉的大甩卖，但高端连锁店正在告诉顾客，尽管标价高，他们却可以花更少的钱买同样的东西，这就是我们所说的"聪明的促销"。有些商家在网上进行促销，即承诺顾客只要点击某个链接，就可以在购买奢侈品时享受 50% 的折扣。

其他的销售技巧还有在商品开始销售的几小时前告知顾客，仅有高端顾客才有机会获得小额折扣。这些打折技巧不仅维护了品牌的声誉，而且在悄悄告知顾客的同时传播了价值的紧迫感。

所有这些品牌都意识到，一旦全世界看到你公开降价，你就永远不可能再把价格提上去了。

为你的故事增加价值

来看看核磁共振成像和 CT 扫描的超声技术吧。起初，有落地式超声机，但现在都被手提式超声机所取代。

我们和一家名为 SonoSite 的公司有过合作，它是小型手提设备行业的开拓者和领军者。它的战略就是建立领导地位的认知，并将"小机器设备大机器性能"的概念植入潜在消费者心智，这种战略已经发挥了作用。

而现如今，即使是医疗行业也遇到了危机，任何一项新技术赚钱都很难。SonoSite 需要考虑重新定位以应对危机，这种战略可以简单地用问与答的形式概括：

问：在医疗领域，小机器如何发挥大作用？

答：在改善诊疗效果的同时，节省时间和金钱。

我们可以看到 SonoSite 正采取重新定位战略重组认知，强调其价值和节时省钱的特性。在经济危机时期，这成了医院管理人员持续购买小型超声机强有力的理由。领导地位的故事都是相同的，只是现在我们增加了价值。

相同的故事也发生在一家名为 Rackspace 的公司身上，

它是网站服务方面的领导者和专家（它经营和管理的网站遍布全球）。

但即使是高科技行业，也同样身处危机之中，各大公司都在寻找方法削减成本。Rackspace正采用新技术为自己的优质服务增加价值，并以此重新定位自己。它有一种技术可以将网络作为分配系统，为某些顾客提供"云计算"以节省成本，虽然这并不适用于所有应用，比如一些需要高安全性的应用，但的确是一个省钱的"价值"故事。同时通过全新的、更低成本运行网站的服务形式以及传统的服务形式，公司的领导地位和专业性得到了加强。

重回经典

C. F. Martin是一家吉他公司，这家吉他公司受到音乐界传奇人物的喜爱，包括猫王埃尔维斯·普雷斯利（Elvis Presley）、吉恩·奥特里（Gene Autry）和埃里克·克莱普顿（Eric Clapton）等。虽然这家公司享有崇高的行业地位，但销量还是在金融危机期间减少了，从每年 52 000 把吉他直接下降了 20%，高端吉他的存货激增。

该怎么办呢？ C. F. Martin 开始重新销售 20 世纪 30 年代（全球经济大危机时期）的无装饰吉他。公司推出了一种硬质木材"1 系列"，其以简约而得名。这种吉他售价不到 1000 美元，想想这家公司的其他吉他平均价格在 2000 ～ 3000 美元时，就会觉得物超所值。

这是通过除去昂贵镶嵌物得以实现的，它在 20 世纪 30 年代的简约版也是这样做的。这家公司于 2008 年推出"1 系列"，并在第一年售出 8000 把吉他。

这种返璞归真的战略，是围绕价值重新定位一家公司的合理方法。

关于促销

最后，来聊聊低价促销是否会为品牌增加价值。一些全球范围内的广泛研究显示，一旦短期的促销结束，销量就会回归到之前的状态，销量的上升会随着促销的结束而结束。长期以来，低价促销一直备受质疑，直到最近才被系统性地验证。管理者经常抱有这样的希望，即促销可能会有积极的后续效果，至少在个别案例中，比如在自己身上就是这样的。

现在，人们发现事实并非如此，也知道了原因：促销期间的产品，是被品牌的长期顾客或者是忠实顾客购买了。事实证明，人们很少会仅仅因为降价而购买一个陌生的品牌，他们往往会在熟悉的品牌降价出售时购买，目的是不花冤枉钱。

这就是为什么促销不会有后续效果的原因：一个做促销的品牌不会紧紧抓住因为促销而首次购买的"新顾客"，因为实际上也没有这种新顾客。而且，一个典型的短期促销只会对品牌现有的一些老顾客（占10% ～ 20%）有用。然而促销的成本是很高的，而且对生产和分销物流副作用巨大。

促销看起来并没有给消费者留下什么印象（六个月前，什么品牌在打 8 折？），消费者也乐意接受不时的降价（甚至是宝马汽车，或者头等舱的机票）。

现在大规模的促销还是会发生，即使管理层总是力图阻止其销售人员降价。（"这是我可以提高销量的唯一办法，先生。"）如今，营销管理层自己也喜欢降价了，好像还有点以此为荣。要知道，降价促销通常都是亏损进行的，否则这样的促销会更多。促销的规模越大，损失越大。

那么，为何还要花这么多时间在促销上呢？高层管理者想削减促销预算，但通常不知道如何去做，也无法确定这样做的后果。

有个例外，是位不知名的 CEO，他说："如果你不确定的话，那么你所需要的就是勇气。"

重新定位的艺术

第四部分

若是瞎子领瞎子，两个人都要掉在坑里。

——《马太福音》第 15 章 14 节

重新定位听起来简单，其实不然。重新重组认知是一个缓慢的过程，而这需要高层管理者有足够的勇气。

他们要说服自己，说服员工，有时还要说服董事会。CEO 必须亲自负责，通常还要扮演啦啦队队长的角色。当然，还必须对成功抱有乐观的态度。

在这方面，没有比西南航空创始人赫伯·凯勒尔做得更好的了。这就是为什么西南航空会成为美国最成功的航空公司。凯勒尔清楚地知道自己正在飞向哪里。

REPOSITIONING

第 9 章

重新定位需要时间

　　在此提醒各位读者，重新定位是重组人们的认知，而不是改变人们的认知，这一点至关重要。市场上想要改变人们认知的失败案例比比皆是。施乐想要使人们相信，它不仅能生产复印机，而且能生产电脑和其他非复印机的机器，结果损失了数亿美元；可口可乐想让整个市场相信它的新可乐优于传统的正宗可乐，结果名利尽失；凯迪拉克努力使整个市场相信它的小型车可与大型车媲美，先是推出了西马伦，随后又推出了卡特拉，两个品牌都损失惨重，因为酷似雪佛兰的凯迪拉克毫无意义。理解为什么改变人们的心智如此困难很重要。

心智难以改变

　　在营销界，人们普遍认为，新品牌广告应该比知名品牌广告更能引起消费者的兴趣。

　　但事实证明，相对于"新"品牌，我们对已经知道（或购买过）的品牌，更加印象深刻。

　　一个名为麦科勒姆·斯贝尔曼的研究组织，对 23 年间的超过 22 000 个电视广告做过市场调研，其中约有 6000 个广告是为 10 个大类的新品牌做的。

　　麦科勒姆·斯贝尔曼从中发现了什么？通过将新品牌和知名品牌进行比较，一个明显现象是 10 个大类中，只有 1 个大类（宠物用品）的新品牌广告更具有说服力，并引起了消费者态度的转变，即所谓的"新产品兴奋"。

　　而其他 9 个大类，从药物到饮料再到个人卫生用品，没有真正的差异化，无法让人兴奋，难以使消费者区分知名品牌和新品牌。

　　此次市场调研覆盖了成百上千个品牌的成千上万个广告，你基本上可以相信"创意"很难真正打动潜在消费者，人们还是对已经熟知的知名品牌感觉亲切。

试图改变态度

　　在《再造革命》这本书中，迈克尔·哈默（曾任麻省理工学院教授，现为技术顾问）称人类生来对改变有一种抵抗，并说这是"再造过程中最令人费解的、令人讨厌的、令人痛心的、最混乱的部分"。

　　《态度和说服》一书提出了一些看法，能够帮助我们更

好地理解这种抵抗，该书由理查德·佩蒂和
约翰·凯西奥普合著。这本书花费了一定的
篇幅来阐释"信念系统"，就为何心智难以改
变，他们阐释如下：

> 从一个信息理论家的角度来看，
> 信念系统的本质和结构是至关重要
> 的，因为信念被认为为态度提供了
> 认知基础。那么，为了改变一种态
> 度，需要修改态度所依赖的信息。
> 因此，有必要改变一个人的信念，
> 消除旧的信念，或引入新的信念。⊖

你打算用一个 30 秒的广告来实现这一
切吗？

心理学家之见

《社会心理学手册》强调了改变人们的态
度是何等艰难：

⊖ Richard E. Petty and John T. Cacioppo, *Attitudes and
Persuasion: Classic and Contemporary Approaches*
(Boulder, CO: Westview Press, 1996), p. 184.

任何改变态度的努力都会面对令人难以战胜的问题。即使通过心理治疗这样成体系的专业方法来改变一个人的基本信念，仍然无比困难。令人费解的是，事实上，在改变人们的信念方面，对某些人有效的方法，对其他人却无效。

更糟的是，对这些问题的讨论还未触及事情的本质。看一下以下观点：

人们对于相当多的问题都有自己的态度。他们似乎知道自己喜欢什么（尤其是不喜欢什么），甚至对他们所知甚少的那些事物（比如土耳其人），或者与他们的日常生活没有什么关系的事物（如外太空生命），也是如此。

所以，借用电视剧里的一句台词：菲尔普斯先生，如果你的任务是改变人们的心智，还是不要接受这个任务吧。

"重新重组"的条件

显然，我们已经给想改变人们心智的想法泼了冷水。现在，让我们看看如何重新重组人们心智中的认知，就从词典中对"重组"的定义开始。重组：为匹配或者适应而改变。

匹配或适应认知是有效重新定位的关键。试图改变一个人的心智会适得其反，因为这与他现有的认知是背道而驰的，是完全不匹配的。例如，施乐是一家数字文档公司，如果它将自己重新定位为一家数字文档工程公司，顺势抢占日益普及的文档数字化存储和分发的先机，那就容易得多。为了更好地理解心智切换的工作原理，请允许笔者重述一个之前的案例，来谈谈洞见和把握时机的重要性。

曾几何时，一家名为莲花开发（Lotus Development）的公司发明了一款软件，将单机个人电脑变成了真正的商业工具，这款软件就是 Lotus 1-2-3，这是首款电子表格软件，在当时颇具创新性。但随着时间的推移和技术的进步，莲花开发感受到了威胁，一款被称为微软 Windows 的新型操作系统面市，微软推出了一款极具竞争力的专为 Windows 设计的电子表格软件，名为 Excel。

这还不是最糟糕的，此时个人电脑世界正从单机电脑向网络电脑转变，所有这些都需要新的软件。看起来，莲花开发需要重新定位。

重新重组莲花开发的认知

为网络电脑设计的软件新名字为群组软件（groupware），《商业周刊》在一篇论述网络趋势的文章中创造了这个词。而有趣的是，莲花开发推出的第一款群组软件产品，叫作"Notes"，这也为重新定位战略搭建了平台，我们是这样表述的："之前，第一款电子表格软件；现在，第一款群组软件。"

首先利用人们心智中已有的认知，开始陈述新的品牌诉求，这样我们就能够匹配心智既有的认知，重新重组人们的认知，但是要完成这些需要很长的时间。具体而言，从"电子表格软件"到"群组软件"莲花开发花费了 4 年的时间用于公关宣传、广告传播及紧张有序的管理。公司 CEO 告诉我们，为了实施重新定位战略，他不得不开除了一些对新战略持反对意见的员工，同时与董事会的斗争也异常艰难。但是，在 IBM 支付 35 亿美元收购莲花开发及其软件产品"Notes"的那一刻，时间和金钱治愈了所有的伤痛。

这是一个有着完美结局的重新定位故事。

什么时候开始都不迟

鉴于重新重组人们的认知需要大量的时间，如能及早开始实施会拥有巨大的优势。奈飞（Netflix）公司正在这样做，用红色的信封邮寄 DVD 碟片。奈飞的首席执行官里德·黑斯廷斯认为公司的核心业务注定会在4 年内消亡，因为越来越多的电影会通过网络平台而不是邮局发布。许多娱乐与技术公司面临同样的问题：如何从网络视频中获取利润。黑斯廷斯及奈飞公司前途未卜，因为当黑斯廷斯打算把奈飞的 DVD 租赁业务重新定位为视频服务业务时，他将会面对大量新的竞争对手，比如苹果、亚马逊和谷歌，而不仅仅是百事达。

到底会发生什么，让我们拭目以待，不过至少黑斯廷斯已未雨绸缪。

建立网络之岛

谈到时间，改变一个国家的经济基础需

要多长时间？

天堂之岛毛里求斯正在实施重新定位战略。毛里求斯靠近印度和非洲，占据了有战略性优势的地理位置，首都路易港作为世界上最大的航运港口之一，是往返于亚洲的船舶的中转站。

毛里求斯的经济支柱是蔗糖、旅游和航运。几年前，新任总理认为当时是一个非常合适的时机，可以利用全球新兴数字经济谋求发展。然而，他面临一大难题，即政府如何尽可能地刺激企业转型。

事实上，问题的实质是：怎么才能改变经济模式？

第一，毛里求斯最大的四家企业集团与毛里求斯政府一起合资组建了一家新公司，以刺激创业和新企业的创建。

第二，在获得1亿美元的企业和国际援助资金后，毛里求斯政府开始推进一项雄心勃勃的全国技术创新活动，并启动交互式政府门户网站——毛里求斯政府在线（M-GO）。

第三，毛里求斯政府开始建设高速电话、预埋线路建筑，以及众多新兴技术公司所需的其他基础设施。这一系列努力加上国家多语种的劳动力，让毛里求斯的定位发生了变化，它开始吸引那些寻找机会进入印度、非洲和亚洲市场的公司。

第四，毛里求斯在非洲投资了首个 3G
网络，使得流媒体移动电视和远程摄像监控
服务成为可能，它还计划投资建设更快的
网络。

第五，毛里求斯政府还在实施一项不需
要使用手机或者固定电话的无线解决方案。
你可以购买一个采用新兴的 Wimax 技术的
调制解调器，将其直接插入你的电脑，就可
以接收 Wimax 基站从几千米外发来的信号。
Wimax 被称为"高速无线上网技术"，热点
信号往往可以传输到几千米外。

通过五年的转型，2008 年英国广播公司
（BBC）在报道中说："对于一个以旅游和甘
蔗为主要经济支柱的国家，这是一个根本性
的转变。"

一座 12 层的数据大厦就是最好的见证，
同时这也是以技术为导向的科技公司的聚集
地——一边是软件开发人员，另一边是为企
业甚至国家提供远程数据存储服务的设备，
可以确保客户数据安全。

在接受英国广播公司采访时，网络之岛

概念的奠基人，曾任总理的现任总统讲道：

"当时面临很多指责，很多人认为它无益于毛里求斯，是在浪费时间。一些人甚至说我在做无用功，在增加国家的经济负担。但是我不为所动，反而说服他们，应该继续前进。现在国家日益壮大，我们可以将毛里求斯打造成网络王国。"

重新定位需要传播

重新定位需要花费时间的另外一个原因是需要别人去帮你宣传。如你所料，冰冻三尺非一日之寒。莲花开发推出的"群组软件"进入潜在消费者心智，靠的是主流商业媒体数年不间断的宣传，这种第三方认可就是信任状，非常有必要。你可以说你自己正在改变，但是无人相信，因为你是在自说自话。但别人报道说你正在改变，那就是另一码事了。当然，获得这样的报道并不容易，所以我们的建议是，公关应成为你营销的首要重点工作。然而，意识到公关是市场推广工作的重中之重，这本身难度就很大。对于这项工作，我们列出了"有所为，有所不为"的相关建议。

广告第二

由于不合时宜、无计划地过早宣传会削弱重新定位的效果，所以如果一家公司想要发挥出最大公关效能，必须谨慎对待广告。只有在公关效能已经被充分挖掘时，才是投入广告的最佳时机。总的原则是：公关第一，广告第二（公关播种，广告收获）。

事实上，广告永远无法点燃火把，广告能做到的就是让已经在燃烧的火烧得更旺。从 0 到 1，你需要第三方提供帮助，任何传播活动的第一步都应该是公关。

如果一家公司将重新定位战略作为其广告策略的根基，那么重新定位战略公关就至关重要。尤其值得注意的是，公关应优先于广告。

通常情况下，事实并非如此。广告商和公关公司都把对方定位为竞争对手——为了自身利益。

这种"内部"竞争削弱了许多公司产品和项目的力量，投入广告过快，很大程度上损害了公关的潜在影响力。

或者，公关缺乏定位概念，所以它不能

为广告建立一个有效的定位。

我们需要的是，最有效地发挥公关与广告的组合威力。开发项目应该是线性的，而不是空间性的。

快速重击 vs 缓慢积累

项目空间性的意思是，各个部分同步展开，但在不同的空间发挥作用（公关、广告、地推等）。这就是大多数项目采用的经典模式，可以说是快速重击。

但是在硝烟散去，最初的兴奋劲过去后，通常是什么都没有改变，潜在消费者的认知还是一如既往。

在线性项目中，各个部分在一段时间内梯次展开。其优势就是，可以相互加持、彼此增强，这种缓慢的积累会导致潜在消费者心智发生巨大变化。

大多数空间性项目的问题在于效能太差。没有发展，没有高潮，各组成部分无法展开，没有戏剧性，没有期待接下来可能会发生什么所带来的兴奋。

这就是为何新年伊始通常标志着一个新的空间性项目的开始，一个新的战略、一个新的广告主题的开始。

这个一年一度的战略变更恰恰与重新定位战略背道而驰。你一定要知道，成功的重新定位需要一致性，你必须年复一年地坚持不懈。

线性项目能帮你实现这种一致性。线性项目的想法或概念的关键是逐步渗透，这使得项目的公关有足够多的时间将其作用发挥到极致。

"大众媒体最好"的陷阱

有这么一个趋势，有些公关人员急于求成，一开始就试图把品牌故事放在最大且覆盖面最广的媒体上，但这忽略了良好公关策略的线性性质，刊登在《华尔街日报》上是一个良好公关计划的终结，而非开始。

最佳的做法是首先从你的核心客户开始，然后逐步把目标放大。接下来是在浏览量大的博客上推出你的品牌故事，这会提高你在行业杂志上的曝光概率。下一步就是增加你在综合性商业杂志上曝光的机会，然后你就可以转战消费者出版物，最终出现在即时网络电视上——如果可以的话，也可以出现在广播和报纸上。

如果你首先赢得了核心客户，你未来的成功可以说是水到渠成。

忽略传统媒体

在公关界，一群博主和推客正在成为早期公关的重点，尤其是在硅谷这个高科技世界，网络评论专家非常有用，因为他们的确可以提升初创企业的信誉度。过去，公司向那些对自己朋友和邻居推销新产品的早期使用者献殷勤。而现在，这些受众可能出现在网络上，而不是隔着围栏推销你的产品。最终，你的品牌故事可以刊登在行业刊物上，如果你足够幸运的话，还可以刊登在商业刊物上。

但值得注意的是，好的报道并不意味着巨大的成功。很多网络公司都没有成功，因为它们不知道如何赚钱。想想赛格威两轮电动车——曝光度高，销量却少得可怜。这是为什么呢？想一想，你骑着这种产品去哪？马路上？太危险了。人行道上？同样很危险。赛格威卖得不好还有一个原因，就是很难看，没有什么比一个人在马路上骑着两轮电动车更难看的了，这一点也不酷。

四大成功法则

如果以上讨论可以促使你去仔细看看你的公关推广计划，那么从下面的这些简单的规则起步，你可以做得更好。

1）明确你在公众心智中已有的认知。花点钱做个调查，或者戴上你的帽子穿上你的大衣出去走走，直接和你的客户以及潜在消费者沟通。不要忘记最重要的人：你主要目标出版物的编辑。

2）选择你想要的重新定位战略。以一个具体的概念从公共关系和广告起步，要确保它不是一个大众化的概念（比如提升个人形象之类的），还要避免用一些莫名的特性（比如潮流、时尚、进步等），这些都与重新定位无关，它们是风格问题，而公关对此也无能为力。

3）力争每个人都专注于这个重新定位战略。这包括你的管理层、广告商，当然还有公关公司的每个人。坚持你的战略，并通过媒体和公众传播进入消费者心智。

4）不时地对你自己的广告、营销、整体市场地位进行评估。公关应该是你达到同一目的的众多手段之一，如果公关和广告目的不一致，无疑会弄巧成拙。

记住，重新重组认知是需要付出时间和耐心的。

REPOSITIONING

第 10 章

重新定位需要勇气

　　必须有人来负责重新定位战略的实施，并且这个负责人还需要有很大的勇气。CEO的角色决定其在重新定位中必须起主导作用，这一点笔者在自己的很多书的最后一章都指出来了。战略、愿景和使命都基于一个简单的前提，就是你知道自己将要走向哪里。如果你自己都不知道往哪个方向走，那么没有人能够跟你一起走。

　　既然重新定位需要你的营销策略有根本性转变，你可能就会认为高管层必然会参与，但事实并非如此。通用汽车副董事长鲍勃·鲁茨在一次接受《商业周刊》的采访时很好地总结了这个问题，他说："如果在生产中计划投资2亿美元，我们首先必须得到董事会的批准，而且高管层很早就会介入。然而，我们花费了数十亿美元的营销活动，却授权给很多基层员工负责。这是非常荒谬的。" ⊖

　　这让笔者想到了戴维·帕卡德（惠普公

⊖ David Kiley, " Bob Lutz, GM Salesman, " *Business Week*, August 3, 2009.

司创始人之一）说过的一句非常有名的话："营销太重要
了，不能授权给营销人员。"

很多年前，在一本名为《彼得原理》的书中，作者劳
伦斯·彼得和雷蒙德·赫尔发现：

> 当今社会，大部分阶层都被规则和传统束缚，
> 受到公共法律限制，以至于即使高层管理者在指
> 引方向和战略节奏方面也不能起到领导作用。他
> 们只是循规蹈矩地前行，这种领导无异于领着羊
> 群的木偶。⊖

也许是这种对于领导力的悲观看法，导致成千上万讨
论领导力的书涌现。（其中大部分都愚蠢至极）。这些书大
多提到：你可以模仿的人（匈奴帝国皇帝阿提拉），需要达
到怎样的目标（内心平静），应该学习什么（从失败中），该
争取什么（非凡的领导力），是否该授权（有时），是否应该
合作（也许），美国的秘密领导者（女性），领导者的个人特
质（正直），如何得到信任（守信用），如何成为一位真正的
领导者（从内部提拔），领导力的九大自然法则（甚至不用
问）。实际上，根据笔者最后一次统计，有 3098 种书名中

⊖　Laurence J. Peter and Raymond Hull, *The Peter Principle* (New York:
　　William Morrow, 1969), p. 68.

带有"领导"一词的书出现在书架上。

对于我们，如何成为一个有效的领导者这个话题并不值得写一本书。彼得·德鲁克将如何成为有效的领导者用几句话就诠释清楚了："成为有效的领导者的基础，是对组织的任务进行非常透彻的思考，并且清楚明了地定义和确定这个任务。领导者设定目标，确定优先等级，设置标准并监督执行。"⊖

正确方向在哪里

首先，如何找到正确的方向呢？要成为一个伟大的战略家，你必须让你的思想扎根于市场的泥土里。你必须从市场一线获得灵感，从发生在消费者心智中的跌宕起伏的营销战中获得启发。

在 20 世纪 30 年代，阿尔弗雷德·斯隆将通用汽车公司缔造成世界领先的汽车工厂，

⊖ Peter Drucker, "More Doing than Dash," *Wall Street Journal*, January 6, 1988.

但是他挑战了"董事长"一词的传统定义，因为实际上他喜欢和客户打交道。斯隆时常会从底特律总部消失，在另一个城市以经销商的身份出现。他自我介绍，并询问经销商是否允许他做几天服务经理助理或者推销员的工作（不出意外，经销商总是愿意）。

下一周，斯隆将回到底特律，他会一股脑地提出顾客行为及偏好备忘录，涉及从经销商到汽车样式等方方面面。

现代管理学之父彼得·德鲁克认为，通过实地考察市场，斯隆获得了比常规消费者调研所能获得的更多和更重要的信息，这特别有助于他洞察趋势，而且他是更早地获得这些信息的。

众所周知，世界上大部分伟大的军事战略家都是从基层做起的，他们通过时刻知悉战争的真实情况来保持他们的优势，卡尔·冯·克劳塞维茨（普鲁士著名军事理论家）没有上过最好的军事学校，也没有从他的军官上司那里学习技能，克劳塞维茨通过最佳和最艰苦的方式——在军事历史上一些最血腥和著名的战役里战斗在最前线——学到了他的军事战略。

最谦逊的山姆·沃尔顿毕生都坚持前往他旗下的每一家沃尔玛商场一线，他甚至大半夜还和工作人员在装载区交谈。

但像山姆先生这样的 CEO 并不多，许多首席执行官往往会和一线失去联系。公司越大，CEO 越容易跟一线失去联系。这也许是限制这些公司应对竞争、变化和危机的能力的最重要因素。

规模大的问题

除了上面我们提到的，几乎所有的其他因素都支持企业扩大规模。商业就是一场战争，商战的首要原则就是兵力原则。军队越强大，或者企业越强大，就越有优势。但是，如果大企业不能关注发生在客户心智中的营销战，那么它就放弃了自己本来拥有的一些优势。正如你在前面所读到的，企业越大，越难管理。

在通用汽车，罗杰·史密斯与罗斯·佩罗的对决很好地诠释了这一点。当罗斯·佩罗在通用汽车任董事之时，他会在周末去体验买车，他批评罗杰·史密斯没有这么做。

罗斯·佩罗说："我们要彻底整顿通用汽

车的官僚作风。"他主张取消汽车暖库、由专职司机驾驶的豪华轿车以及主管餐厅。罗斯是对的，但是取消这一切却以公司破产为代价。（罗斯怎么了？）

汽车公司高管配有由专职司机驾驶的豪华轿车，他知道怎么卖车吗？面对商业竞争，企业高管层与市场脱离联系，是很多大企业面临的最大问题。

认清事实

如果你是一个忙碌的 CEO，对于正在发生的一切，你是如何及时收集信息的？你如何避免中层管理人员投你所好，只说你想听的话？你如何既能得到好消息也能知道坏消息？

如果你不能及时得知这些坏消息，那么糟糕的想法带来的影响可能会一发不可收拾，你将错失将糟糕的想法扼杀在摇篮里的时机。看看下面的寓言，虽然是以前写的，但是如今依然值得重温。

计划

开始，是个计划。

然后，变成假想。

但是，假想缺乏形式。

所以，计划变得彻底没有内容。

工人

黑暗笼罩在工人的脸上，

他们对组长说："一堆臭狗屎。"

组长

组长找到主管，对他说："它就是一桶粪便，臭不可闻。"

主管

主管找到经理，对他说："它就是一罐排泄物，气味浓烈，无人可以忍受。"

经理

经理找到总监，对他说："它就是一罐肥料，威力无人能挡。"

总监

总监找到副总裁，对他说："它能促进成长，威力无穷。"

副总裁

副总裁找到总裁，对他说："这个完美的新计划会很好地促进公司的成长和提升效益。"

政策

总裁看完这个新计划，觉得它非常好。计划
成为政策！

想要获得真实的市场信息，一种方法就是"暗访"，或
者打听还未公布的消息。这对经销商或者零售商尤为有用。

一个案例

办公用品公司史泰博的创始人托马斯·斯坦伯格坚信
应该从基层了解真相。他经常以顾客的身份在他的商店
购物，并以顾客的身份询问，例如："我在哪里可以找到
#96A 打印机墨盒？"

在某些方面，托马斯·斯坦伯格的做法相当于一位国
王装扮成平民，与他的国民打成一片。这样做的目的只有
一个：获取真实的信息。

像国王一样，首席执行官也很少能从他的臣子那里得
到真实的信息，宫廷里最多的是钩心斗角。

如果你有销售队伍，销售人员是真实信息的一个至关
重要的来源，你可以从他们那里获得对竞争对手真实客观
的评价。获得真实信息的最佳做法是褒扬提供真实信息的

人，一旦大家都知道 CEO 追求实事求是，真实的信息就会纷至沓来。

时间问题

问题的另一个方面就是作为 CEO 你如何分配自己的时间。通常情况下，太多的活动占用了你的时间以至于你无法走访一线，例如：太多的董事会会议、太多的委员会会议，以及一些庆功宴。据一项调查显示，一位 CEO 的时间，平均 30% 花在"外出活动"上，每周还有 17 个小时花在筹备会议上。

平均来看，公司的高层管理者每周约工作 61 个小时，所以他们大概只有 20 多个小时做其他事情，包括管理公司运营和走访市场一线。

难怪 CEO 会将营销职权下放，但这是个错误的做法。

营销很重要，不能随便委派给下属去做。如果你要委派什么工作，那么你应该授权给下一次资金筹备活动的主席。接下来你要做的事情就是缩减会议，你应该出去走走，亲自去市场一线看看，而不是纸上谈兵或者在会议室里无休无止地讨论。

正如戈尔巴乔夫在里根总统第一次访问苏联时说的："百闻不如一见。"

如果你想打赢一场商战，你应该好好思考一下你的战略，你必须盯住你的竞争对手，重点是对手在消费者心智中的强势和弱势。你必须找到一个在心智战场上可行的特性，或者其他差异化概念。

一旦确定，你就要集中所有的资源，当然还有你的努力，形成环环相扣的战略，去实现重新定位。

内部改变

为了充分利用外部机会，你也需要对组织内部进行重组。

你必须是个实干家。快速判断一个人是不是优秀执行者的方法，就是留意"应该"这个词。当一个可行的建议被提出时，如果有高管说："我们应该做这件事。"通常情况下，你会发现，那些"应该"的事会被搁置，没有任何实际行动。

最杰出的领导者都会乐于和后辈分享他们的智慧，密歇根大学商学院的教授诺尔·蒂希说:"杰出的领导者一定是杰出的导师。"蒂希评价通用电气备受尊敬的领导者杰克·韦尔奇,说他奉献了自己 30% 的时间在培养领导力上(韦尔奇甚至曾经每周在通用电气的商学院给高级人才上课)。蒂希认为:"正是这种方式,成就了杰克·韦尔奇的影响力。"

但历史告诉我们杰克·韦尔奇失去了他的光环,因为他将金融业务引进了通用电气,而这些业务在金融危机期间破产了,这颇具讽刺意味。笔者觉得,杰克·韦尔奇应该是受到了华尔街和他的股票价格的诱惑。

杰出的领导者知道,仅仅指明方向是不够的。杰出的领导人是善于说故事的人,是啦啦队队长,还是引领者,他们用言语和行动不断强化他们的方向和愿景。

在航空领域,没有比西南航空的主席赫布·凯莱赫更杰出的领导者了。他使西南航空成为廉价、短途航空公司之王。年复一年,他的西南航空每次都会出现在"声望最佳"公司和"利润最高"公司的榜单里。

如果你乘坐过西南航空的飞机，那么你肯定见识过它的工作人员那种惊人的精神状态和热情。他们甚至颇具幽默感，正如一位乘客所言："这使得乘坐二等舱的旅行也是令人愉悦的。"

任何认识赫布的人都意识到他的航空公司有着和赫布一样的性格。他是一位非常棒的啦啦队队长，驱动飞机飞起来，总能让员工士气高昂，他的确是"站在员工背后的人"。

他了解他的员工，也知道他的生意在哪里。在一次和赫布的会议中，笔者鼓励他购买东海岸一家待售的短途航线公司，那将很快使西南航空成为东部地区的一家大公司。

他想了一会儿，说道："我当然想要它在纽约、华盛顿和波士顿的登机口，但是我不想要它的飞机。更重要的是，我不想要它的员工。"

他肯定是对的。要带领好这些东海岸航空公司的员工，几乎是不可能的。

企业代言人

赫布·凯莱赫还诠释了杰出领导者的另外一种特质：他们常常使得企业生机勃勃，并将其人格化。在美国大通曼哈顿银行的全盛时期，它的主席大卫·洛克菲勒通过拜访外国首脑制造了新闻。实际上，他就相当于一国元首。

在克莱斯勒全盛期，李·艾柯卡将其人格化了。

比尔·盖茨还将微软人格化了：他看起来像一个电脑痴，说话也像一个电脑痴，他住也住在一个电脑痴的家里。

每个人都知道比尔·盖茨，但迪诺·卡托帕斯却鲜有人知。他是名副其实的"意大利番茄酱之王"，他为美国约 60 000 多家正宗的意大利比萨店和餐馆提供番茄酱。

迪诺已经使"正宗意大利"人格化了，这就是他的差异化概念。他住在意大利式别墅里，他制作香肠，他拥有自己的葡萄园、自己的意大利式草地球场。每年他都去意大利拜访亲朋好友，他给重要的客户寄自制的橄榄油。正如盖茨主宰着微软世界，迪诺主宰着新鲜包装的番茄和番茄酱市场。

一个有远见的领导者是赢得顾客和潜

在顾客的有力武器，这样的领导者为公司提供了独特的信任状（德国人敬仰乔治·巴顿将军，以至于盟军利用他做诱饵）。

此外，士兵也会为追随这样的领导者作战而感到光荣。他们本能地信任他。没有士兵的信任的话，你就不会有任何追随者。没有追随者，你就不会成为领导者。

最后，如果你希望自己成为一位将军，那么你就必须具备一位优秀将军的素质：

- 你必须是灵活的。你必须灵活地适时重组战略，而不是重组战场。一位优秀的将军天生有偏见，但是在做决定之前，他会认真地考虑各种备选方案。
- 你必须有决断力。在某些关键时刻，你必须停止听取意见，果断做出决策。一位优秀的将军，善于从内心深处寻找坚强的意志和勇气去获取胜利。
- 你必须有大无畏的勇气。当战机到来时，你必须迅速、果断地出击。当战机成熟时，胆量是尤为重要的品质，此时需要全力出击。谨防那些在形势不利的时候表现出过度勇敢的人。不幸的是，级别越高的人，胆量越小。
- 你必须知道实情。一位优秀的将军从事实和细节着手去

构建战略，这样战略一旦展开，它必将是
简单而强有力的。

- 你需要运气。运气在任何成功中都有重要
  的作用，你要能利用好它。当你的运气不
  佳时，你应该准备好后手以免多受损失。
  "投降并不是耻辱，"克劳塞维茨说过，
  "正如一位优秀的棋手不会去下一盘明显
  会输的棋一样，一位将军也不可能战至全
  军覆没。"

出发

很多年前，笔者给约翰·斯纳特（棒约
翰公司总裁）提出了一个重新定位战略。当
时在会议室的是棒约翰公司的营销人员和高
层管理人员。笔者讲完报告后，约翰环顾四
周询问他们的意见。就如同类似的会议时常
会发生的情形一样，很多人开始批评这个战
略，他们严厉批评了15分钟后，约翰说：
"好了，我已经听完了你们的意见，我有一
个问题，谁有更好的想法吗？"正如你所料，

除了沉默还是沉默。约翰充满自信，也充满勇气，他对他
的员工们说："就这么定了，就用'更好的原料，更好的比
萨'作为我们的战略，全力以赴出击！"

他的员工知道他前进的方向，此后多年他们一直坚持
这一战略，取得了很大的成功。

REPOSITIONING

第 11 章

重新定位需要 CEO 全程参与

既然我们在前面的章节提到了领导力，那我们就来聊聊领导者参与的话题。

我们参加过许多美国大公司的战略会议，在其中的一次会议上，一位年轻的女士提出了一个建议，我们认为这是我们听过的所有对定位的建议中最重要的一个建议。

在会议的最后，她走过来，为这个极佳的战略表示祝贺。

但后来，她说："我们从未真正执行任何重新定位战略。"这把笔者吓了一跳。当笔者问她为什么的时候，她的简单而睿智的回答让笔者印象深刻："会议室里总是没有关键的人出现。"

她接着解释说，高层人士不参加这样的会议。而好的方案又总是与某些人的个人利益相冲突，这就使得一些好的方案在逐级上报的过程中，还没到达最高层就夭折了。

她是对的。这么多年了，我们已经深深知道优秀的战略绝不可能因为它的优秀而取得最后的成功，如果会议室里没有一个关键的人到场，再优秀的定位战略或重新定位战略都很难成功。

今天的现金牛

重新定位战略经常遇到的第一个阻力就是"今天的现金牛"。新的定位战略往往诞生自新的机遇，这会对今天的业务形成挑战，结果就是今天业务的既得利益者迟迟不愿推进新的定位战略，德鲁克称之为"在今天的祭坛上，屠杀明天的机会"。

在 IBM 的一次会议上，我们鼓励公司将其新的工作站产品定位为 PMs，或者个人大型主机，这种做法显然会让大型主机业务主管感到不舒服，要知道大型主机业务今天依然利润丰厚。另外，个人电脑业务的主管也可能会抱怨。

只有 CEO 才能决定是否要执行一个有可能对"今天的现金牛"有潜在威胁的战略。

由于行业的趋势是发展台式机业务，所以这一战略关乎未来，但是因为 CEO 不在会议室里，他也许永远也没机会看到这个极好的战略。

最成功的企业往往非常擅长自我攻击"今天的现金牛"，吉列就是一个极好的例证。先是用双面剃须刀（Trac Ⅱ）取代了单面不锈钢刀片，获得了巨大的成功；然后，再次自我攻击，用可调控的双面剃须刀（Atra）替代了双面剃须刀；接下来，推出了减震剃须刀（Sensor），而后又推出了带导向鳍的传感器剃须刀，称为 Sensor Excel；现在是多面刀片，3面和5面。一旦有了一个新的技术突破，吉列就会将原来的产品重新定位成过时的旧产品。

"在吉列，有一个概念很清晰，就是勇于自我否定。"全球咨询公司 Booz 总结道，"新产品在上市前 10 年就已经着手设计了。"[一]

现在，看看那些没有成功的公司：施乐发明了激光打印技术，但是没有利用；柯达发明了数码摄像技术，但这一技术却从未走出实验室。看看胶卷的没落，你就知道其中的原委了。

前车之鉴

会议室里没有关键的人到场，导致的另

[一] Glenn Rifkin, " Anatomy of Gillette's Latest Global Launch, " *Strategy+Business*, Second Quarter 1999, p. 84.

一个问题就是错误决策总是一个接着一个。新战略必定与原先的决策产生冲突，在多年的企业战略工作生涯中，从未有人对笔者说过"你能加入，我们真的很高兴，我们什么都还没做，一直在等你参与呢"。显然，他们已经做了很多事情，有些效果很不理想（呵呵，局面好的时候，没人会想到请你来参与制定战略）。

不幸的是，没有一家大公司的人愿意承认做过错误的决策，尤其是错误的重大决策，在一个承受不起失败的组织里尤其如此。结果是，几乎所有的中层管理者都本能地拒绝任何新战略，因为这会让他们对原先的决策感到难堪。

我才是负责人

你遇到的另一问题是，你的顶头上司或广告代理商有"企业自大症"。他们不喜欢"局外人"介入他们的工作，他们总对自己说："毕竟我才是负责人，如果接受了别人的意见，上级领导会看扁我的。"

这种情况很严重。我们发现，此类人并不摒弃"局外人"的建议，但总是以不同的方式将自己的想法掺进去，以体现自己的贡献，重新定位战略如此修改实施后的结果是：与我们的本意并不完全相同。这就好比换药不换汤

（广告代理商精于此道）。

在一个组织里，我们遇到的职业经理人地位越高，这种自负的问题就越少。

慎言

如果出于种种原因，关键的人总是到不了会议室，你就不得不想一个方法让 CEO 参与进来。你必须清楚，没有 CEO 的参与，你的战略不可能顺利实施。因此，诀窍是你的报告必须用词谨慎，要让听你报告的人感到舒服，只有这样他才有可能把你的报告递给 CEO。

例如，你可以将笔者所说的"世界已经改变"作为开场白，这里自动传达一个信息，说明不论早先的决策现在看来正确与否，一切只是与时空变化有关。

这种语言旨在安抚自负的情绪，因为你掩盖了他们原先的错误。"世界在改变"的观念听起来确实很有道理，CEO 因此会想要看看你的报告。

但是，这可能还远远不够。

进行培训

CEO 可能正好不是一个经过专业训练的营销人员，因此你不得不想办法让他了解营销。

我们发现了两种行之有效的方法可达到这个目的。一种是举行一个关于营销主题的讲座，需要邀请公司高层参与，可以请一名外部专家来讲，但要确保会议一部分内容是关于处理公司目前的问题及把握当前的机会的；另一种是送给 CEO 一两本关于营销主题的书，并指出书的内容与公司所面临的问题有关。

我们所写的书中，似乎《与众不同》（Differentiate or Die）最适合不过了，它会让 CEO 快速进入营销的状态。笔者认为这本书之所以受欢迎，是因为 Die 这个词发挥了作用。

最后一点，确保 CEO 知晓德鲁克的以下观点：

> 商业企业的唯一目的就是创造客户，企业有且仅有两个基本功能，就是营销与创新。营销和创新产生成果，剩下的都是成本。营销是企业突出的、独特的功能。[⊖]

⊖　Peter F. Drucker, *Management: Tasks, Responsibilities, Practices* (New York: Harper & Row, 1974), p. 61.

使用类比

　　与其咄咄逼人地将重新定位战略拍到桌子上，你不如考虑引用公司发展历史上类似的案例来作为开场白。

　　你也可以这样说："XYZ公司尝试过类似的事情，但结局却很糟糕。"不过不要忘了加一句："当然，我们不可能犯这样的错误。"

　　当面对别人的错误时，人们会变得更加客观。听你说话的人会对自己说："我们真走运，千万别让这种事发生在我们身上，我得赶紧把这个东西给老板看看。"

慢慢推行

　　最后，任何有难度的战略都应有条不紊地慢慢推行，尤其是重新定位战略。

　　人们需要时间去适应变化。通过慢慢推行战略，你可以减少战略巨大转变带来的焦虑不安。

　　有人曾说："有些人可以适应旧方式，有

些人可以适应新方式，新旧转变需要一个过渡期，而这个过渡期足以扼杀你。"

多年以前，杰克·特劳特与他的前任搭档艾·里斯建议汉堡王给麦当劳贴上"儿童乐园"的负面标签，重新定位汉堡王为成人汉堡店。这就意味着要将一部分市场让给麦当劳，当然还要从特许经营店中撤掉秋千等儿童娱乐设施。

毫无疑问这是企业战略的重大转变，立即引发了高管层的焦虑不安。推广这一战略的唯一方式就是"先试点，再慢慢推行"。不幸的是，焦虑不安的情绪占了上风，扼杀了慢慢推行的战略计划，历史机遇就这样擦肩而过了。

这些都表明一个不争的事实：重新定位决定企业生死，它确定了一个企业到底该走哪条道路，即明确了企业的战略方向。所以，做重大战略决策，企业高层必须参与。

组织变革

既然我们已谈到高管以及高管的参与，那么以彼得·德鲁克关于重新定位的建议结束本章，就再合适不过了。正如你所料，完全接纳重新定位战略的建议，需要关键的人出现在会议室里：

对发达国家乃至整个世界而言，可以确定的一件事是，我们面临长期的深层变革。一个组织必须应对持续的变化，不能再将企业创新置于管理之外或者只做表面文章。企业创新必须成为企业运营的核心。组织的功能是创新，让知识发挥作用，用于工具、产品或者生产过程，用于工作设计，用于知识本身。

越是技术变革不显著的领域，越是要强调创新。每家制药公司的人都知道，公司的生存依赖每十年就用新药替代掉3/4的旧药。但是有多少保险公司的人能意识到，公司的成长甚至存亡都依赖新保险形式的开发？一家公司显著或杰出的技术革新越少，整个组织僵化的可能性就越大。因此，就要越发强调创新。⊖

⊖ Peter F. Drucker with Joseph A. Maciariello, *The Daily Drucker* (New York, Harper Business, 2004), p. 77.

REPOSITIONING

第 12 章

重新定位显而易见

如果重新定位的时机成熟，那么你所面临的问题是显而易见的。同样，问题的解决方法也是显而易见的。但是，人们往往忽略这种显而易见。

通用汽车需要进行重新定位，这一点在几十年前就已经很明显了。25年来，其市场份额逐年下滑。在杰克·特劳特2001年出版的《大品牌大问题》⊖一书中有一段话形象地体现了这一点。它不是预言成真，而是显而易见。

走进董事会

市场份额不断下滑，难怪多年前董事会就反对和排斥高管层。这些年来，通用汽车见识了形形色色的不再是记账员的CEO，他们是新的营销专家、品牌经理，所有的都一一尝试过了。但是迄今为止，似

⊖ 本书中文简体字版已由机械工业出版社出版。

乎没什么可以推动市场份额上涨。

最后的努力是任命了有史以来最年轻的 CEO，47 岁的里克·瓦格纳。里克打算一改原来保守的管理风格，通过电子化来实现通用汽车的互联网速度，但是有这种"数字动力"就足以应付吗？人们会因为它的汽车上安装了连接互联网的通信设备而选择它的汽车吗？还是会因为仪表盘上有"星际"（On Star）按钮而选择它的汽车？（嗨，蝙蝠侠的汽车上也有一个这样的按钮。）一个数码供应链会让它的汽车更快、更便宜、更受消费者欢迎吗？或许吧。但是通用汽车运用机器人技术进行的最后一搏并没有带来多大改观。这项大胆的新数字技术并没有解决基本问题。

通用汽车已然忘记是什么使它获得成功。其实归根结底，它现在的情况与 80 年前斯隆遇到的情况如出一辙。通用汽车该如何挑选品牌并进行合理的定位，从而使不同品牌实现互补共赢？答案是像斯隆在 1921 年那样进行大手术。斯隆砍掉了两个品牌，整合企业活动，对剩余的品牌进行了重新定位。要解决 2001 年的问题可能同样需

R EPOSITIONING
第四部分 重新定位的艺术 |

要进行大手术。逐步淘汰奥兹莫比（Oldsmobile）汽车是个不错的开始，但是也非易事，既要向老顾客交代，又要应付工会的抱怨，还要解决经销商的问题。

瓦格纳已经离开通用汽车。庞蒂亚克、Saturn、欧宝、萨博和悍马也已或停产或售出。但是，是金融危机和破产才迫使管理层采取这一战略的，而问题在很多年前就已经显而易见了。有人可能会问：为何会这样？

为何会这样

很多显而易见的大问题都是如此：人们要么过于乐观、满怀希望，要么想把问题推给别人。这种现象被称为"逃避心理"。俄勒冈大学的一位心理学教授在一本书中指出了这种现象以及我们的大脑是如何评估风险的，其中的几点发现符合通用汽车的状况。

我们的大脑对未来漫不经心，却关注那

些即将发生的威胁。这就是为什么人们总会在退休存款问题上失去理智。这也是为什么每年失去一两个百分点的市场份额没有引起通用汽车的广泛关注。"我们只要做些重组，削减些成本，明年就会把失去的市场夺回来。"管理层大概这样想。

这位教授继续指出，相对于那些循序渐进的变化，我们对瞬间发生的变化要敏感得多。他的意思是说人类更适合应对更新世时代（Pleistocene Age，猛犸象、巨型犀、剑齿虎、剑齿象等动物生活的时代）的掠夺者和敌人，却无法应对 21 世纪的挑战。金融危机确实是瞬间发生的。

皮尔斯·斯蒂尔（Piers Steel）是加拿大卡尔加里大学人力资源与组织动力学助理教授，他对拖延现象也颇有见解。他觉得人们拖延的原因更多的是缺乏自信，而不是追求完美。

"最终，拖延的人对自己缺乏信心，即使自己可以完成一项任务，他们依然不敢抱很大的期望。"他在该大学的新闻稿中提到。"其实完美主义并不是罪魁祸首，"他继续阐释道，"事实上，完美主义者很少拖延，但是他们非常担心会拖延。"

斯蒂尔查看了大量学术图书、会议资料、期刊和其他材料中对拖延现象的研究。他的分析结果发表在美国心理学协会的《心理学期刊》2007年1月刊上。文明伊始，拖延现象就出现了，而且斯蒂尔认为"它看起来不会很快消失"。

面对现实

要消除面临风险时的紧张不安，你需要一个公司外部的观察者为你提供大量的事实，同时需要开放思想、乐意聆听。你面临的最大问题将是那些已经有所投入的决定。这让我们想起了在一家大公司举行的一场会议。该公司正准备推出一个耗资几百万美元的新产品线，我们觉得这一决策并不明智。我们解释了为什么该产品线不会成功，副总裁看起来被我们说服了，他看着我们说："我们一年前将这个决策提交董事会的时候，你们在哪儿？"

虽然问题很明显，但因为太多的个人利益牵涉其中，新产品线的推广仍然在进行。顺便提一句，如我们所料，新产品线没有成

功。为此，该公司损失了一大笔钱，这是一个需要牢记的
大教训。

我们来看看为什么显而易见的解决方法往往很难推销
出去。

复杂化的受益者

显而易见的概念和方法往往因为太简单而很难为人们
所接受。人们会说："我们知道。"人们通常觉得答案应
该具有高度的精密性和复杂性，商业顾问则强化了这种
认知。

一开始是彼得·德鲁克，他总是不动声色地提出健全
的管理建议。如英特尔前 CEO 安迪·格鲁夫所说："德鲁
克是我的偶像。他的思想和作品都异常清晰——完全有别
于那些江湖骗子。"〇

然后在 1980 年，汤姆·彼得斯因为他写的一本关于卓
越的书火了起来。曾一度出现过汤姆·彼得斯模仿者时代。
你完全可以称这些模仿者为现代罗宾汉。他们抢劫富人并
将财富据为己有，不过他们不再使用弓箭，而是用复杂的

〇　Bob Lenzner, "Still the Youngest Mind," *Forbes*, March 10, 1997.

术语和概念来降服猎物。

《财富》杂志上的一篇名为《寻找易受骗的人》的文章说得恰如其分："没有号角声，咨询行业被悄无声息地劫持了。新的大师们凭借的不过是钢笔、讲台和天大的无耻，却强占了一个原本体面、道德的行业——向商业人士提供专业建议的咨询业。"○

当有人问鲁伯特·默多克是否有追随和崇拜的管理大师时，他异常坦率地说："大师？珍宝比比皆是，而且大部分都是显而易见的。你去逛书店，走到商业图书跟前，看到各种非常棒的名字，于是你买了300美元的书，回来你就把它们扔到一边了。"○

甚至汤姆·彼得斯也承认："我们的社会是唯一相信情况会好起来的社会，于是人们不断地被像我这样的人欺骗。"○

○　Alan Farnham, "In Search of Suckers," *Fortune*, October 14, 1996, p. 119.

○　John Micklethwait and Adrian Wooldridge, *The Witch Doctors* (New York: Times Books, 1996).

○　Farnham, "In Search of Suckers."

复杂才能高价格

咨询行业的是非曲直被人们广泛提及。看起来很多咨询师认为公司不会为简单买单。事实上,可能一家公司对过程了解得越少,它需要付的钱就越多。

如果解决方案很简单,那公司自己也会制定。

因此,秘密在于不断地发明新的复杂概念。比如,很多公司可以理解市场竞争,但《麦肯锡季刊》的一篇文章[⊖]告诉读者,我们现在需要在两个世界中竞争:一个是地域市场(marketplace),另一个是新的,被命名为"空间市场"(marketspace)(甚好,甚至说很押韵)。所有这些说法都是有关于创造数字资产的,而数字资产这个概念仅仅是为了引起一位 60 岁的 CEO 的注意。

然后,为了在原有的等式中增添些令人心生畏惧的要素,他们警告读者"旧式的商业准则已不再适用了",而且公司"不仅需要审视物理价值链,而且必须建立和利用虚拟价值链"。

他们所希冀的读者的反应是:"快去找找撰写这篇文章的两位哈佛大学毕业的作者的电话号码,我看不懂。我们

⊖ Jeffrey F. Rayport and John J. Sviokla, "Competing in Two Worlds," *McKinsey Quarterly*, January 1996.

可能有麻烦了。"我们并非要说所有这些信息都不好，但是，对 CEO 而言，已经难以在地域市场中生存了，更别说还要去面对一个叫作空间市场的新世界。

显而易见：终结营销混乱

好的定位和重新定位概念必定是显而易见的。这是因为这些概念的确是显而易见的。既然它们对你而言是显而易见的，那对你的客户亦然，因此它们才能发挥作用。

罗伯特·厄普德格拉夫于 1916 年撰写了一本名为《我怎么没想到：显而易见的商业智慧》的小册子，这是笔者所读过的首屈一指的营销书。

事实上，杰克·特劳特的上一本书《显而易见：终结营销混乱》(*In Search of the Obvious*) 就是以此为主题的。

厄普德格拉夫在书中告诉人们：为何显而易见的概念难以推销。他写道："问题便在于，显而易见的概念往往非常简单、普通，毫无想象的空间。我们皆喜欢明智的点子和别出心裁的计划，这些可以成为在俱乐部吃午餐时的谈资。对于显而易见的概念的反应，人们往往是——嗯，就如此简单吗？"

厄普德格拉夫列出了 5 种方法来检验"显而易见"。

1）能解决问题的答案都很简单明了。"显而易见"的事物几乎总是非常简单的——就是如此之简单，以至于有时所有人都对此熟视无睹。所以，若是一个观点看起来聪明、别出心裁抑或是复杂的话，我们就应该对它表示怀疑，因为它不是"显而易见"的。

2）这个想法是否符合人的本性？显而易见的想法符合既有认知。人们理解这一想法，因为它反映了简单的事实，没有被专业和技术知识复杂化。

3）写下来。用最简洁的语言把你的观点、计划或方案写下来，就像你在向一个孩子做解释。你能用两三个小段落表述清楚吗？如果不能，或者非要解释得冗长且复杂难懂，那么，它很可能不是"显而易见"的。因为，重复前面所说的，"当你发现答案时，它总是简单的"。

4）它会震撼人心吗？在听了你陈述观点，概述解决方案，或者解释计划、方案设计、项目规划后，人们若是恍然大悟："我们以前为什么没有想到呢？"你必定会备受鼓舞。因为指出显而易见的东西很容易造成这种震撼性的心理反应。

5）时机成熟吗？许多战略和计划虽然显而易见，却明显不符合时机。审视时机是否成熟与它们本身往往同样重要。没有把握好时机的重新定位战略有大问题。

一家医院显而易见的重新定位

多年前，当我们与位于纽约州南部的奥兰治地区医疗中心合作时，答案就已经很简单明了。

如今，该医院已在全美范围内被公认为汤森·路透"百强"医院。但是当时，调查显示该医院的医生团队和精湛技术被低估了。

要想与本地的几十家医院竞争，它就要摆脱"认为自己是一个还不错的社区小医院"的认知。

显而易见的重新定位战略来自它自己的愿景主张："建立一家真正意义上的地区性医疗企业，为社区提供持续的、最高水准的、尽可能广泛的医疗服务。"该主张已广为流传，但是并未得到公众的认可。

　　我们要问："这是真的吗？"尽可能广泛的医疗服务？
它的确做到了这一点（奥兰治地区医疗中心和竞争对手的
服务对照表证明了前者的医疗服务确实更为广泛）。

　　"没有人能为你的健康提供更多服务，而我们可以"，
这一重新定位概念给原来的想法赋予了生命力，使这家医
院实现了差异化战略，为消费者选择这家医院提供了一个
简单且强有力的理由，为医院接下来如何运营也设定了
标准。

　　这一重新定位战略在医生、董事会、员工乃至整个社
区的心智中产生了震撼效应。五年之后，这种效应仍然存
在。笔者认为厄普德格拉夫先生会同意这一观点。

　　欲了解重新定位战略是显而易见的这一点，我们来看
几个随机的营销案例和应对措施。

新西兰的旅游业

　　在重新定位时，要小心空口号。新西兰最新的口号称
自己为"地球上最年轻的国家"。这一想法愚蠢至极，因
为人们想看的是拥有悠久历史的国家，而非新国家。显然，
这个国家的自然景观太美了。新西兰有两座岛屿，要想产
生戏剧化的效应，可以提出这样一个问题：哪个岛屿是最
美丽的？以重新定位战略的方式给出的回答是："新西兰，

世界上最美丽的两座岛屿。"

如果问任何一个去过新西兰的人对这个国家的看法，你很可能会听到这样的答案："很美丽。"太显而易见了！

斯里兰卡的旅游业

提及国家，如果国家的声誉不好该怎么办？媒体大肆渲染斯里兰卡国内战争，我们认定斯里兰卡是个声誉严重受损的"品牌名"。这严重阻碍了国家的发展。它需要重新定位。我们的建议是恢复该国的原有名称：锡兰。这会让人回想起它浪漫的过去：茶树生长的地方。这跟列宁格勒改回原来的名字圣彼得堡并无二致。

这个显而易见的概念难以推销出去，因为这很大程度上涉及国家的自尊，但这个国家应该这样进行重新定位。

麦当劳

我们都已见识过"我就喜欢"这样的口

号了。依笔者之见，这并非差异化的理念。当你看到麦当劳写着汉堡销量几十亿个的广告牌，或获知其在全球已覆盖了那些不卖汉堡的地方（例如印度）时，一个显而易见的重新定位概念就出现了："麦当劳，全球最爱的用餐之所。"（McDonald's. The world's favorite place to eat.）

西尔斯

西尔斯曾经一度是零售和目录购买之王。现在，目录购买已不复存在，而且仓储式超市正威胁着零售业。看上去西尔斯要么进行重新定位，要么就此消亡。

西尔斯现在还有的东西就是它的品牌，诸如卡丝曼、Kenmore 电器、戴哈德电池、Lands' End 服装，及其他轮胎和油漆品牌等，许多品牌都是各品类中的领头羊。

拥有了这些品牌，显而易见的重新定位战略是"美国最优品牌之家"。同时，西尔斯的营销更多的应该是关于这些品牌而不是商场本身——仅仅宣传这些品牌只有在西尔斯才能找到是远远不够的。

那么现在情况又是如何呢？人们众说纷纭，认为这些品牌要在其他的零售商店销售。若果真如此，那便是作为零售商的西尔斯的末日。

《新闻周刊》

《新闻周刊》与其竞争者《时代》杂志的发行量和广告量大幅减少。两者都在试图避免《美国新闻及世界报道》的命运。《美国新闻及世界报道》曾经是周刊，后来是月刊，然后就停刊了。在这三家杂志不断衰退的时候，《经济学人》却呈一片繁荣景象。看来《新闻周刊》《时代》杂志需要重新定位。

首先《新闻周刊》必须意识到问题不是《经济学人》及其在全球的发行量，它也必须意识到覆盖面广是过时的做法，市场已经发生了细分。如果你在经营《新闻周刊》，你首先应该意识到重新设计不会带来任何改变。这就如同重新布置泰坦尼克号甲板上的椅子，它需要的是新的定位概念，而非新设计。

显而易见的重新定位概念是聚焦著名的专栏作家，而不是新闻。人们喜欢乔治·维尔、法瑞德·扎凯瑞尔、罗伯特·萨缪尔森和乔纳森·阿尔特，因此才会买这些杂志。著名的专栏作家创造了一个区隔点。他们总能提供有价值的新闻见解，指出新闻的含义。笔者甚至会增加一个名为"博客界"的概述栏目，来报道网络上的是非黑白。

另一个关于栏目的新想法是让乔恩·斯图尔特开一个专栏。他因《每日秀》而成名。乔恩会写一些滑稽的东西——这种例子比比皆是。他可能会吸引大量的年轻读者。

重新定位的唯一问题是"新闻周刊"这个名称。这本杂志不是关于新闻的，更多的是关于新闻评论的，应该称其为"评论周刊"。它应该将自己重新定位成"解读新闻"的杂志。这一大胆和差异化的举措的主要理由是今非昔比，尤其是当你被视为仿效者之时，重新定位一个品牌实属不易。《新闻周刊》的头号竞争者《时代》杂志也在进行重新设计。

这个案例清晰地阐释了什么才是"重新定位"。对《新闻周刊》的概念重组会使其更加符合人们的认知。它是竞争时代强有力的竞争手段，它需要相当大的勇气去做出改变，它是显而易见的，但也需要金钱和时间来完成这一改变。

在这本书中，我们提到其他显而易见的重新定位战略，如雪佛兰的"美国人最喜欢的本国车"，或是大陆航空的"同样的钱，更多的里程"。这些都不是在要小聪明，只是在竞争、变化和危机时代应该运用的显而易见的定位概念。

数十载，笔者在就这一主题进行写作或发表演讲时，力求简单明了地向人们展示该如何做战略。

与此同时，该领域的所谓专家却竭尽全力地让事情复杂化和混乱。

最后的建议是，尽量不要对你的定位和重新定位战略进行过多的调研或思前想后。诀窍就是保持简单明了。

后　记

　　在某种程度上，这本书结束了一段开始于 1969 年的旅程，那时候我刚开始写我的首篇关于定位的文章，那篇文章是《定位：同质化时代的竞争之道》。

　　从那时开始，"定位"和"重新定位"已经成为在全球商业界使用得越来越普遍的词。如果你有任何疑问，可在网上进行搜索，你会发现这两个词出现了上百万次。在商业出版物中，仅 2008 年，这两个词就出现了 37 163 次。

　　迄今为止，虽然很多人在用"定位"这个词，但不是所有人都能真正理解它的含义，并且那些有影响力的群体，比如管理顾问，对于认知和心智的理解也比较有限。

　　因此，我对定位和重新定位这两个词进行了详细阐述。其间，我还写了 14 本关于这一主题不同内容的书。

　　如果人们今天还不理解定位和重新定位，也许他们永远也无法理解了。在这个竞争残酷的时代，这意味着他们会遇到大麻烦。

我所能说的是：我提醒过你，以及爱德华·默罗过去常说的"晚安，祝好运"。

杰克·特劳特

作者简介

杰克·特劳特

  杰克·特劳特是传奇式的营销战略家，是享有盛誉的营销经典《定位》、《商战》（20周年纪念版）、《22条商规》、《与众不同》、《大品牌大问题》、《特劳特营销十要》和《什么是战略》的作者，这些著述被翻译成多种语言。继《与众不同》再版后，他又出版了《显而易见：终结营销混乱》。

  他是特劳特伙伴公司的总裁。该公司是一家国际营销咨询公司，位于康涅狄格州。特劳特曾为包括惠普、西南航空、默克、宝洁、棒约翰在内的许多公司提供了咨询服务。他曾就如何树立良好的国家形象为美国政府提供了咨询。他于2006年助力民主党重获在美国国会的领导地位。

被誉为世界一流的营销战略大师之一的
特劳特也是定位和其他重要营销战略概念的
首倡者。在广告和营销领域，他拥有 40 余载
的丰富经验，已成为一些世界大型公司的董
事会顾问。他的覆盖全球的咨询工作使他在
营销领域涉猎广泛，获得了丰富的直接经验。
特劳特已成为享有国际盛誉的咨询师、作家、
演讲家以及先进营销战略的倡导者。

史蒂夫·里夫金

史蒂夫·里夫金，品牌命名专家，是特
劳特伙伴公司的长期合伙人。除本书外，还
与杰克·特劳特合著了三本书：《新定位》
《简单的力量》《与众不同》。

1989 年，里夫金在新泽西州格伦罗克创
建了从事营销和传播咨询的 Rivkin & Associates
公司。其客户包括阿尔斯通、Baptist Health
System、Idea Village、卡夫食品、PixelOptics、
Premio Foods，以及汤姆森医疗保健。里夫金
还有两本合著的著作 *IdeaWise* 和 *The Making
of a Name*。*IdeaWise* 是一本关于如何借鉴以

及重组观念的指南，而 *The Making of a Name* 是一本关于品牌名称的战略、创意、语言和法律等方面的书。

就营销和传播方面的主题，里夫金经常发表演讲，曾在上百场的座谈会和研讨会上发表演讲，足迹已遍及美国、欧洲以及东南亚。